El japonés escrito combina tres tipos diferentes de caracteres: los caracteres chinos conocidos como kanji (漢字) y dos conjuntos de letras fonéticas japonesas, hiragana (平 仮 名) y katakana (片 仮 名), este libro es para escribir el alfabeto de Katakana.

LA PRÁCTICA ES EL MÉTODO MÁS EFICAZ PARA DOMINAR EL JAPONÉS ESCRITO.

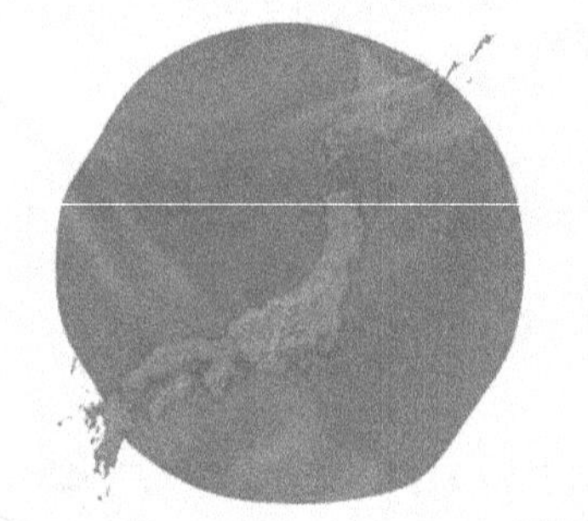

Cuando recibas el libro, no te olvides de evaluar el libro y escribir un comentario sobre la calidad del libro, ya sea negativo o positivo, para desarrollar los libros que publicaré en el futuro.

GLUE
257
ESTE LIBRO
PERTENECE A :
INK

	a	i	u	e	o
	ア	イ	ウ	エ	オ
k	カ	キ	ク	ケ	コ
s	サ	シ	ス	セ	ソ
t	タ	チ	ツ	テ	ト
n	ナ	ニ	ヌ	ネ	ノ
h	ハ	ヒ	フ	ヘ	ホ
m	マ	ミ	ム	メ	モ
y	ヤ		ユ		ヨ
r	ラ	リ	ル	レ	ロ
w	ワ				ヲ

ン n/m

Katakana utilizado en ortografía japonesa

	a	i	u	e	o
	ア	イ	ウ	エ	オ
k	カ	キ	ク	ケ	コ
g	ガ	ギ	グ	ゲ	ゴ
s	サ	シ	ス	セ	ソ
z	ザ	ジ	ズ	ゼ	ゾ
t	タ	チ	ツ	テ	ト
d	ダ	ヂ	ヅ	デ	ド
n	ナ	ニ	ヌ	ネ	ノ
h	ハ	ヒ	フ	ヘ	ホ
b	バ	ビ	ブ	ベ	ボ
p	パ	ピ	プ	ペ	ポ
m	マ	ミ	ム	メ	モ
y	ヤ		ユ		ヨ
r	ラ	リ	ル	レ	ロ
w	ワ				ヲ
(n) ン					

Combinaciones de Katakana

キャ kya	キュ kyu	キョ kyo
ギャ gya	ギュ gyu	ギョ gyo
シャ sha	シュ shu	ショ sho
ジャ ja	ジュ ju	ジョ jo
チャ cha	チュ chu	チョ cho
ニャ nya	ニュ nyu	ニョ nyo
ヒャ hya	ヒュ hyu	ヒョ hyo
ビャ bya	ビュ byu	ビョ byo
ピャ pya	ピュ pyu	ピョ pyo
ミャ mya	ミュ myu	ミョ myo
リャ rya	リュ ryu	リョ ryo

ア a

ア
ア
ア
ア
ア

アアアアアアアアアアア
アアアアアアアアアアア

ア
ア
ア
ア
ア
ア

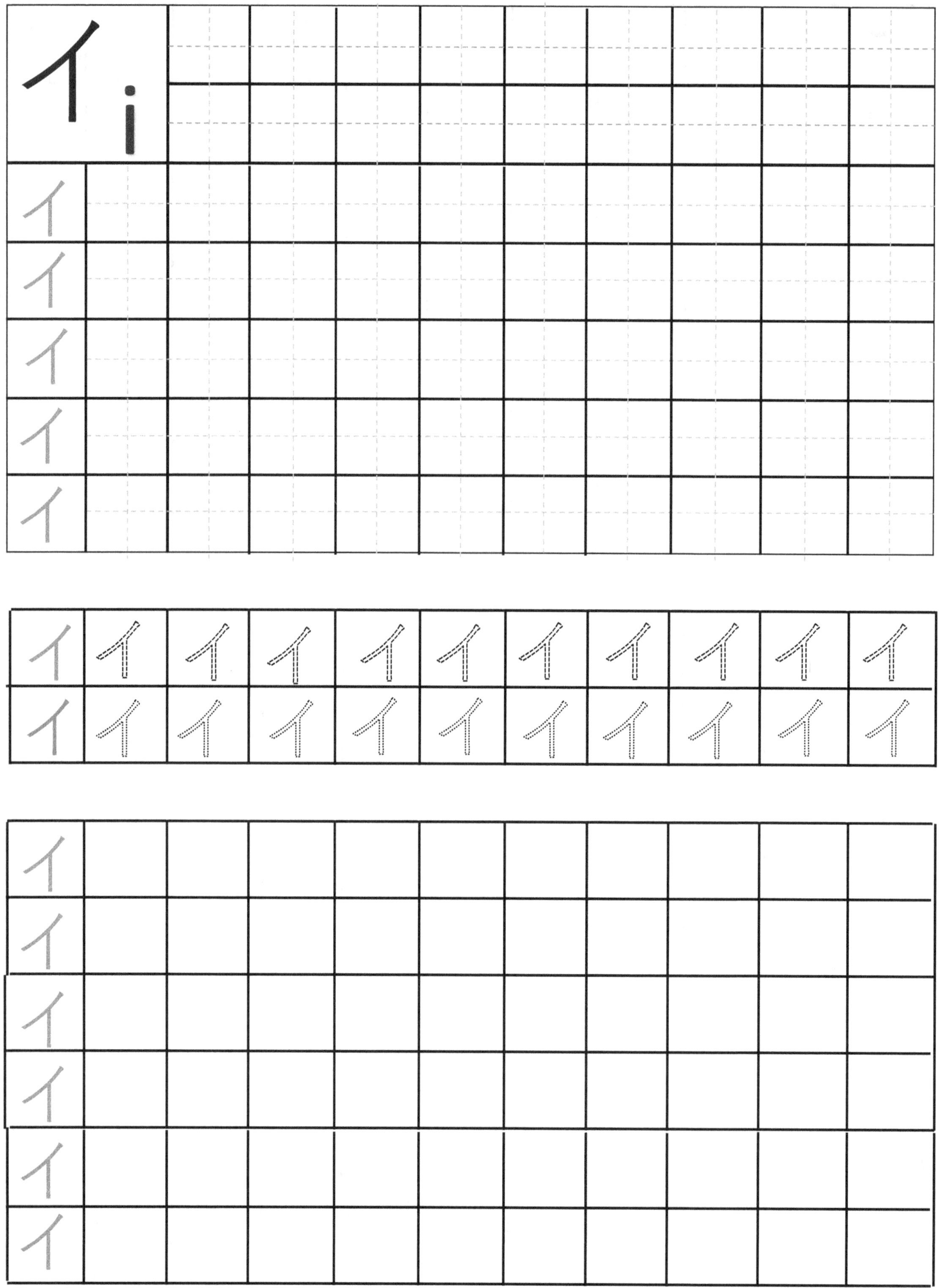
イ
i

ウ u

ウ
ウ
ウ
ウ
ウ

ウウウウウウウウウウウ
ウウウウウウウウウウウ

ウ
ウ
ウ
ウ
ウ
ウ

工 e

オ o

オ
オ
オ
オ
オ

オ オ オ オ オ オ オ オ オ オ オ
オ オ オ オ オ オ オ オ オ オ オ

オ
オ
オ
オ
オ
オ

カ ka

カ
カ
カ
カ
カ

カ カ カ カ カ カ カ カ カ カ カ
カ カ カ カ カ カ カ カ カ カ カ

カ
カ
カ
カ
カ
カ

キ ki

ク ku

ケ ke

ケ
ケ
ケ
ケ
ケ

ケ ケ ケ ケ ケ ケ ケ ケ ケ ケ ケ
ケ ケ ケ ケ ケ ケ ケ ケ ケ ケ ケ

ケ
ケ
ケ
ケ
ケ
ケ

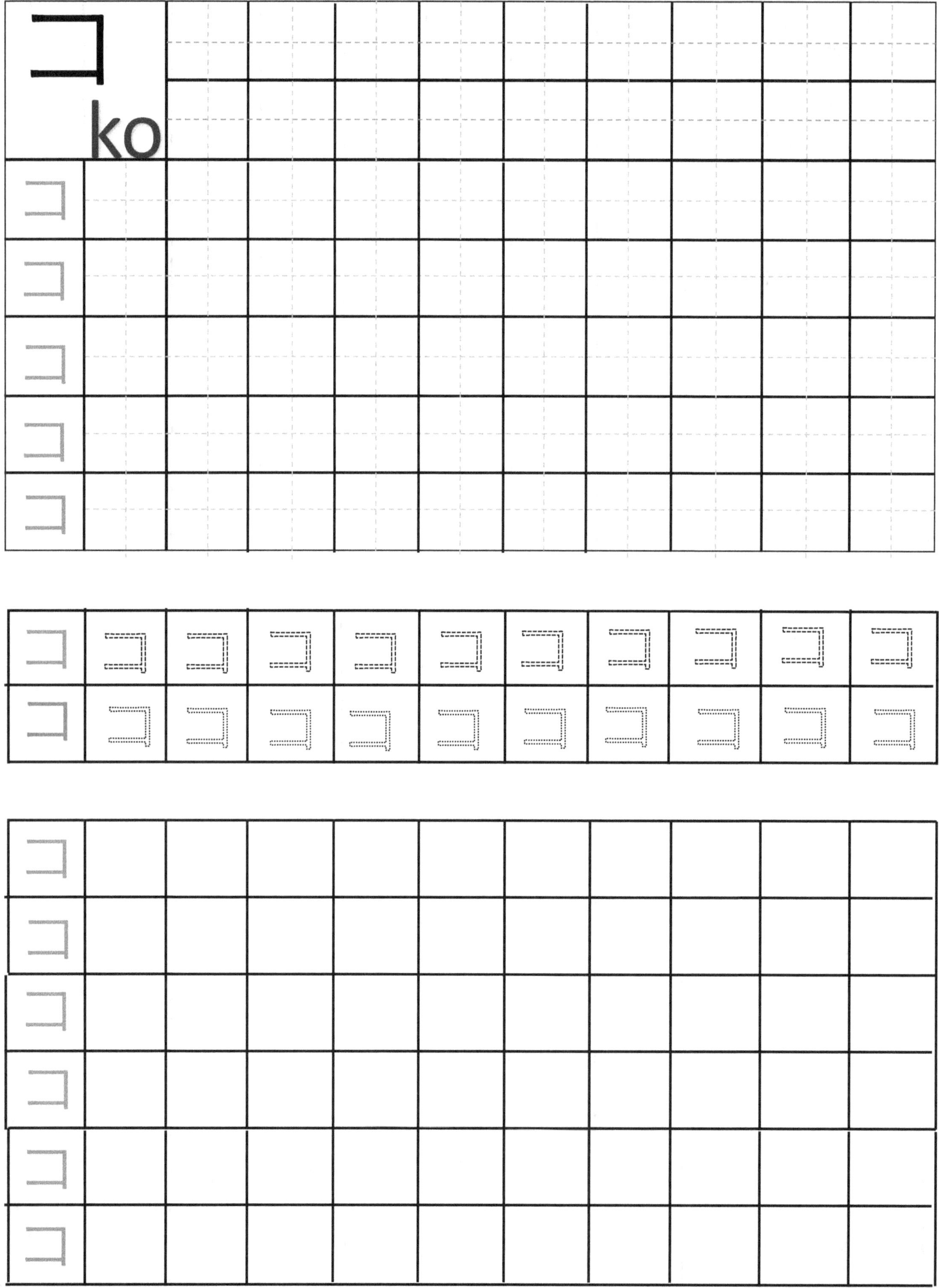
コ
ko

ガ ga

ガ
ガ
ガ
ガ
ガ

ガ ガ ガ ガ ガ ガ ガ ガ ガ ガ ガ
ガ ガ ガ ガ ガ ガ ガ ガ ガ ガ ガ

ガ
ガ
ガ
ガ
ガ
ガ

ギ gi

ギ ギ ギ ギ ギ

ギ ギ

ギ ギ ギ ギ ギ ギ

グ gu

グ
グ
グ
グ
グ

グ グ グ グ グ グ グ グ グ グ グ
グ グ グ グ グ グ グ グ グ グ グ

グ
グ
グ
グ
グ
グ

ゲ ge

ゲ

ゲ

ゲ

ゲ

ゲ

ゲ ゲ ゲ ゲ ゲ ゲ ゲ ゲ ゲ ゲ ゲ

ゲ ゲ ゲ ゲ ゲ ゲ ゲ ゲ ゲ ゲ ゲ

ゲ

ゲ

ゲ

ゲ

ゲ

ゲ

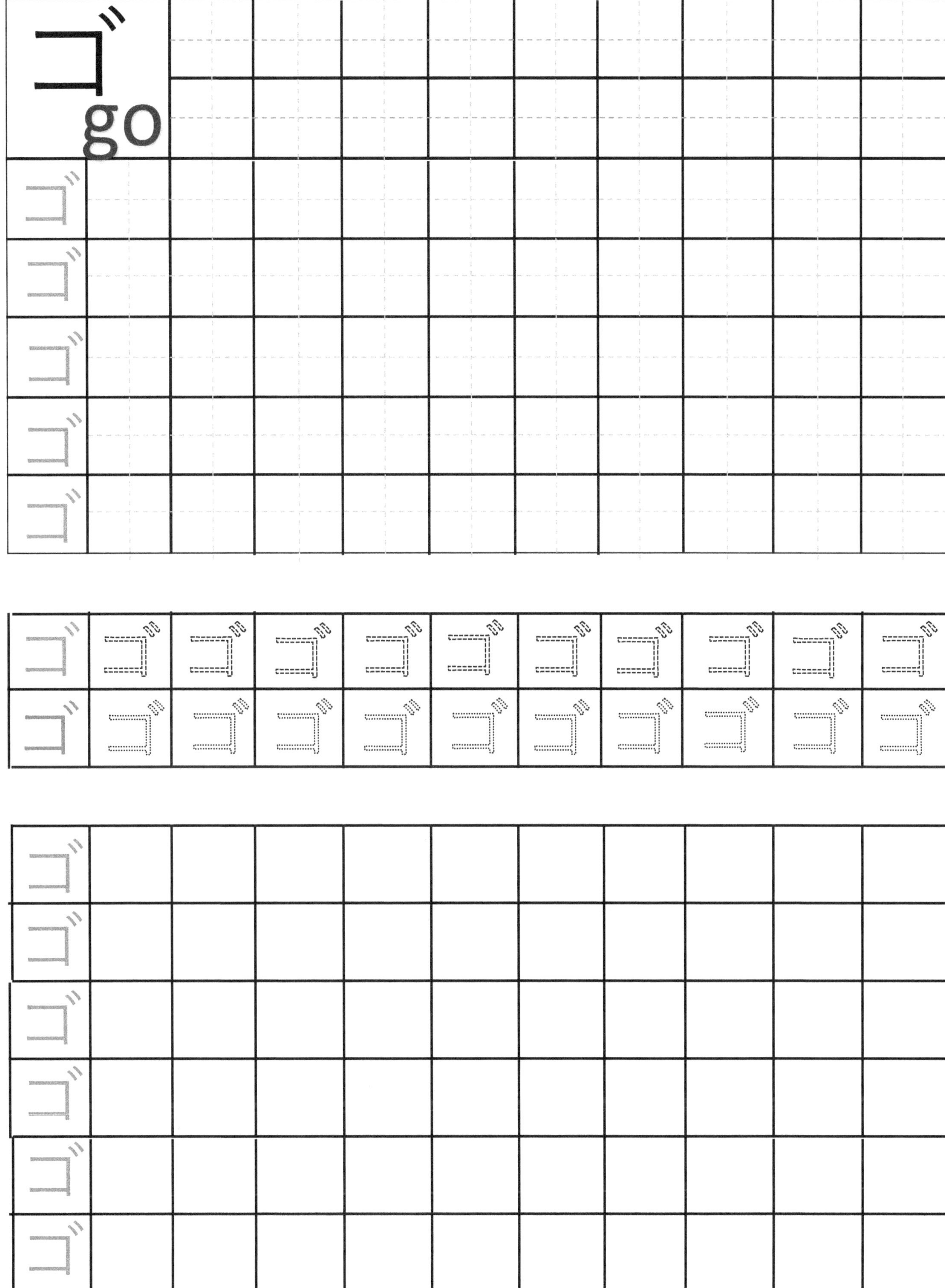

ゴ
go

サ sa

サ
サ
サ
サ
サ

サ サ サ サ サ サ サ サ サ サ サ
サ サ サ サ サ サ サ サ サ サ サ

サ
サ
サ
サ
サ
サ

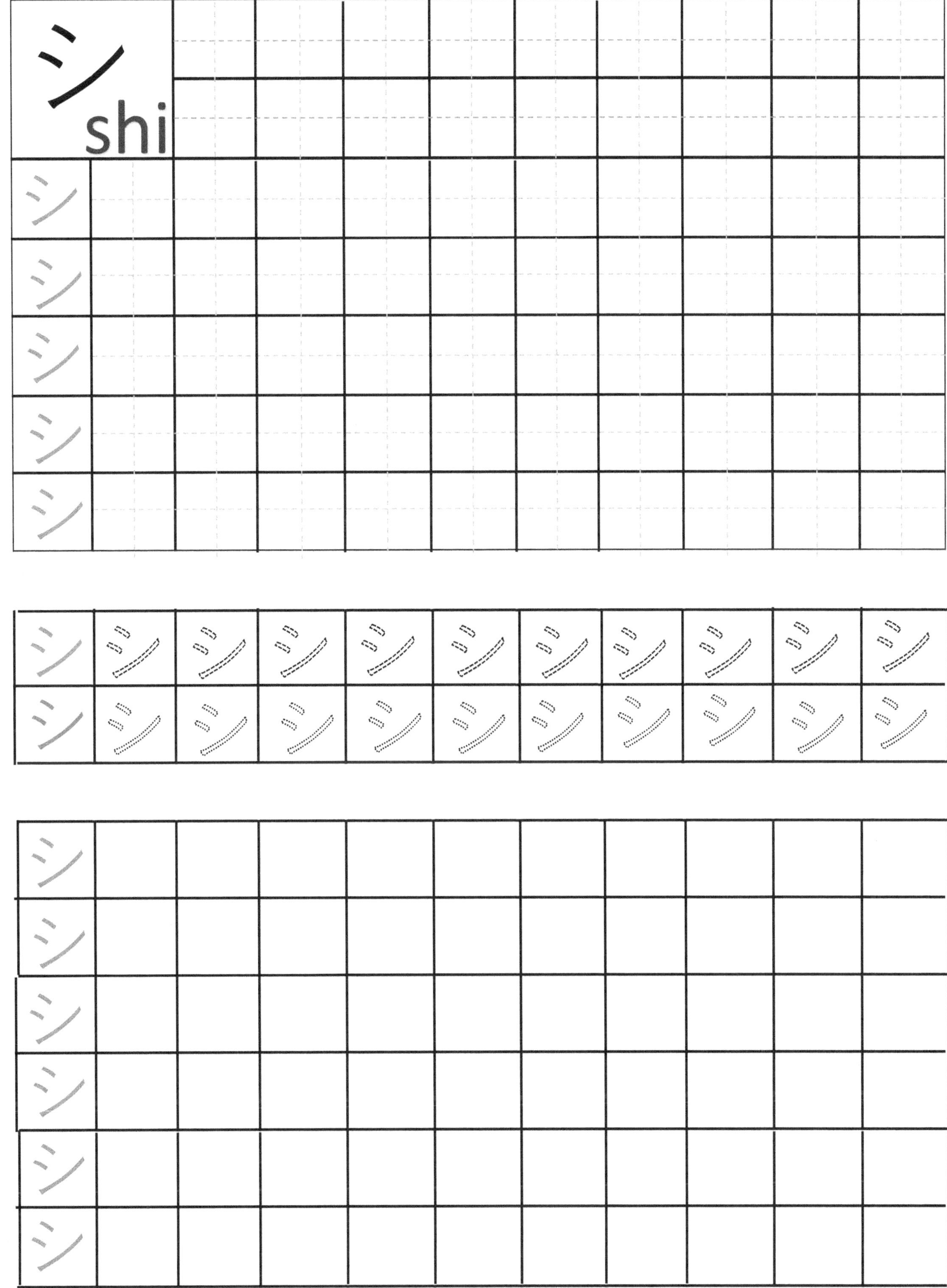
シ
shi

ス
su

ス
ス
ス
ス
ス

ス ス ス ス ス ス ス ス ス ス ス
ス ス ス ス ス ス ス ス ス ス ス

ス
ス
ス
ス
ス
ス

セ se

セ
セ
セ
セ
セ

セ セ セ セ セ セ セ セ セ セ セ
セ セ セ セ セ セ セ セ セ セ セ

セ
セ
セ
セ
セ
セ

ソ so

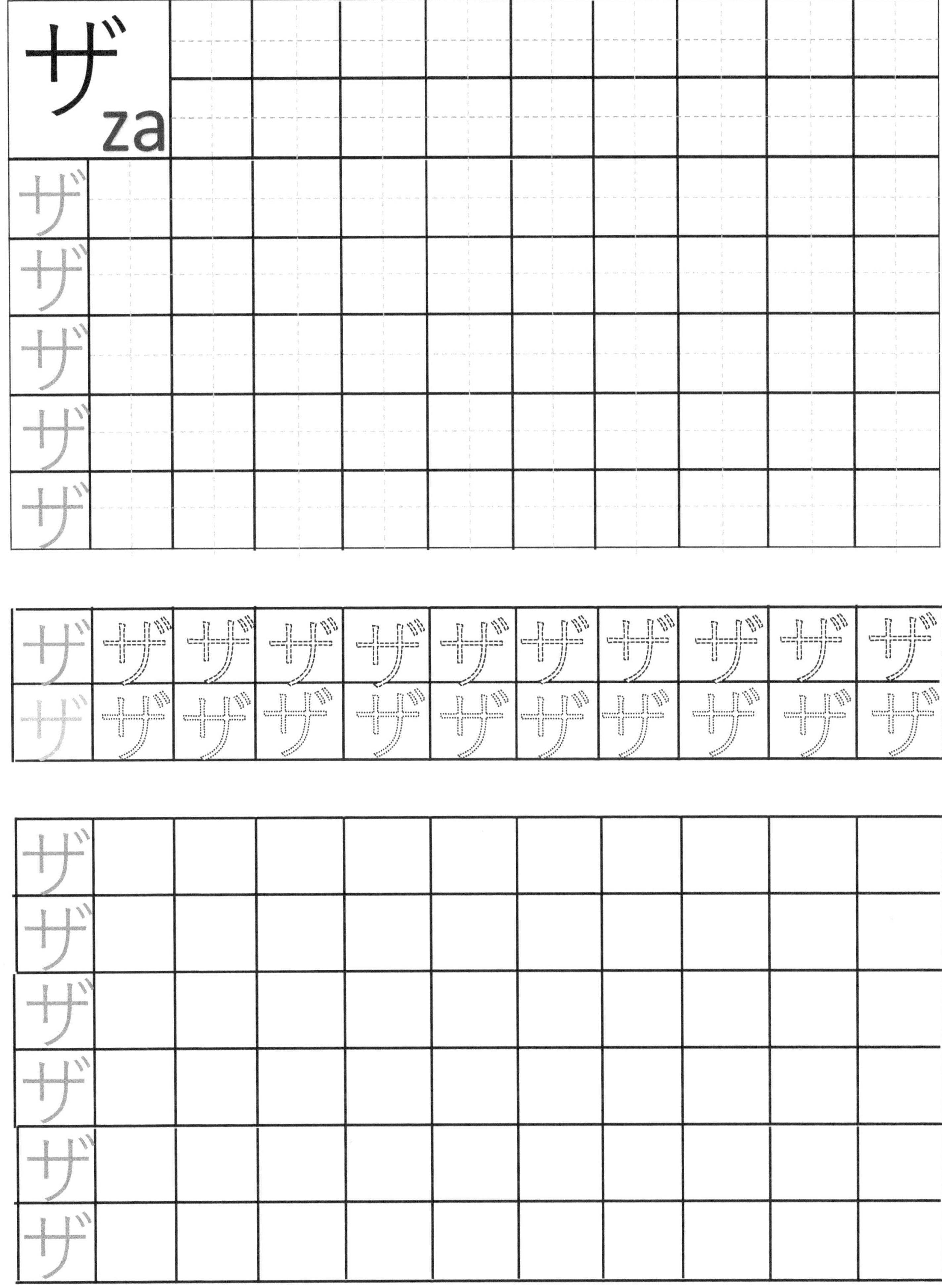

ザ
za

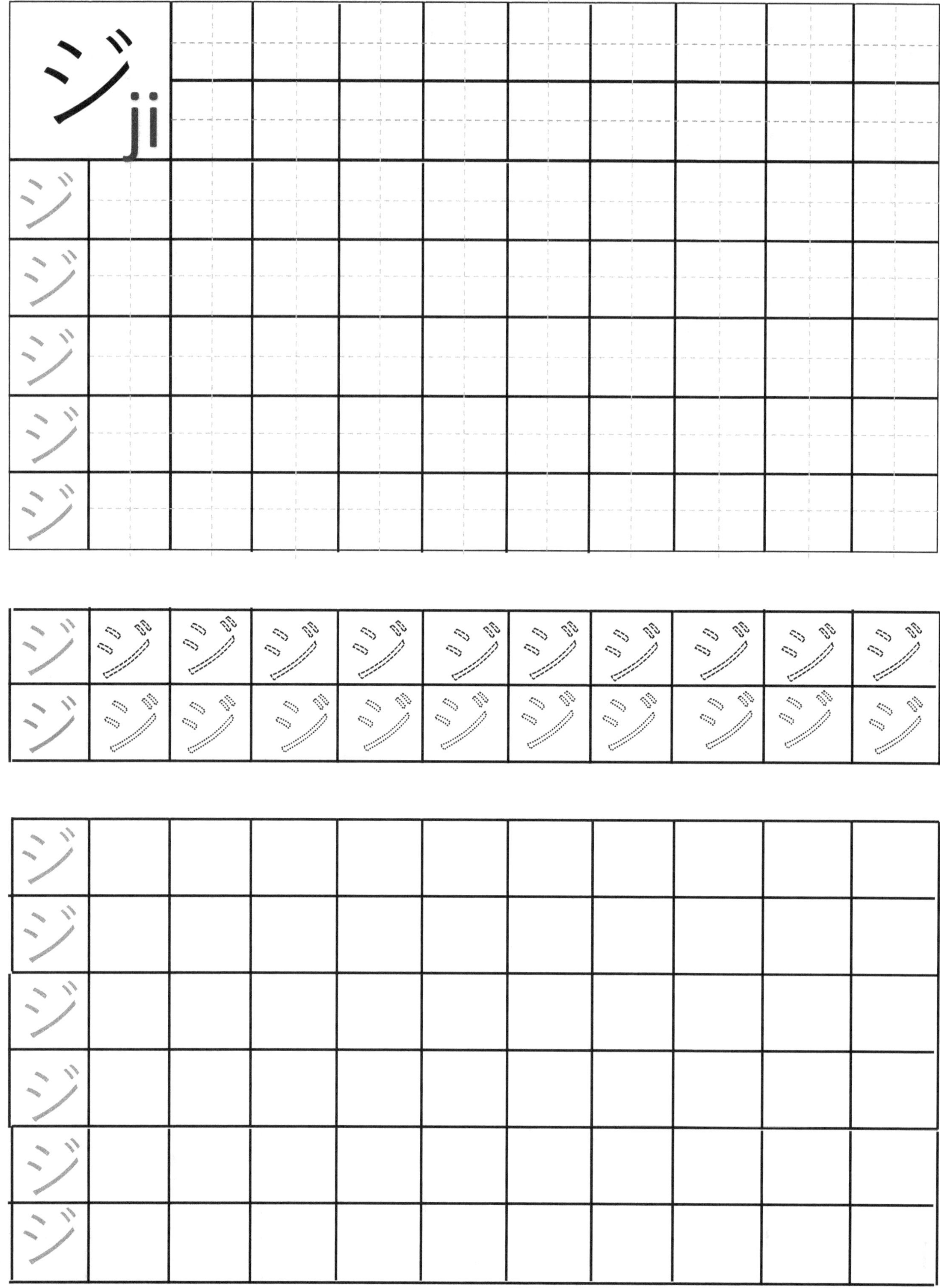

ジ
ji

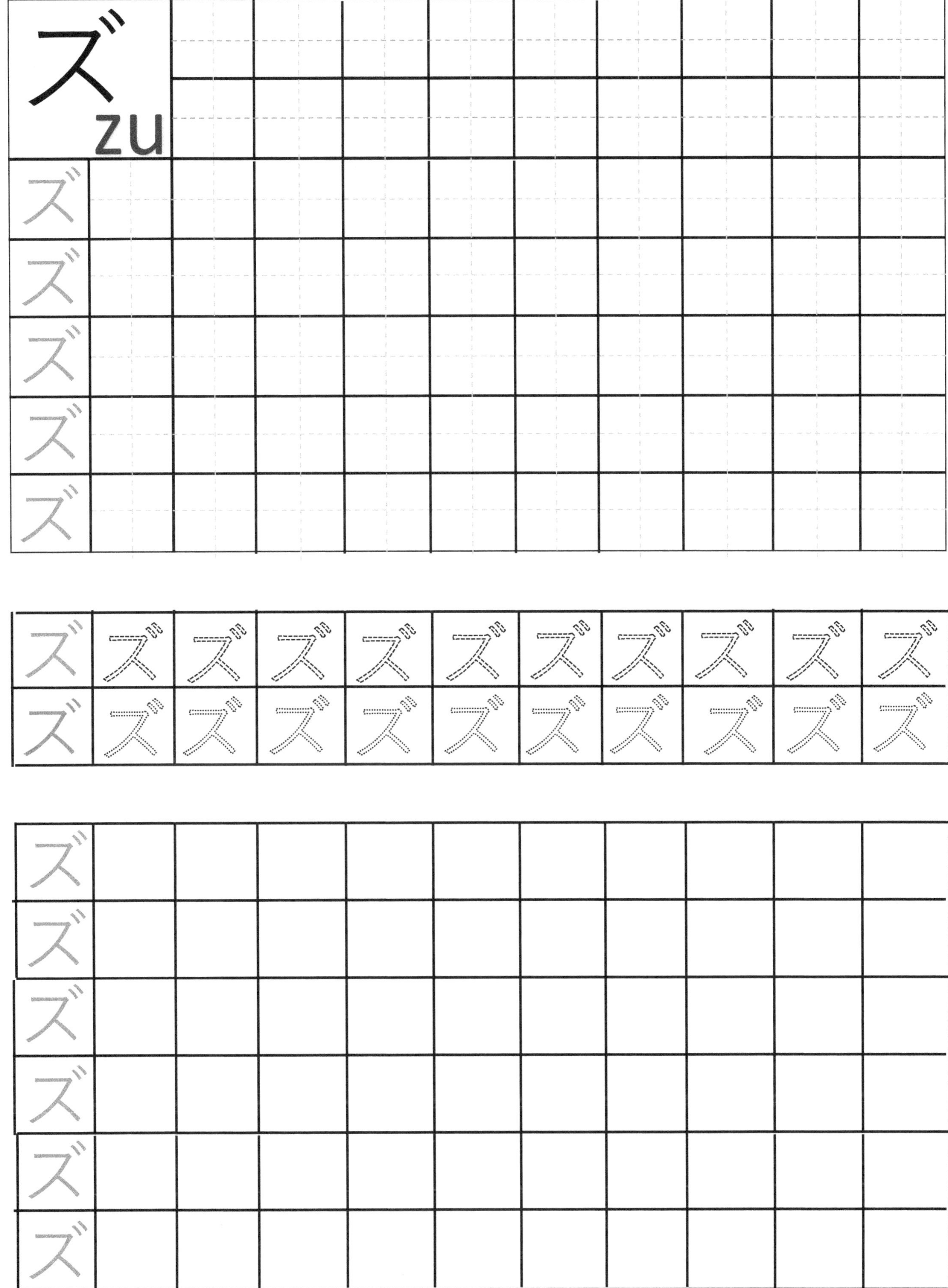
ズ
zu

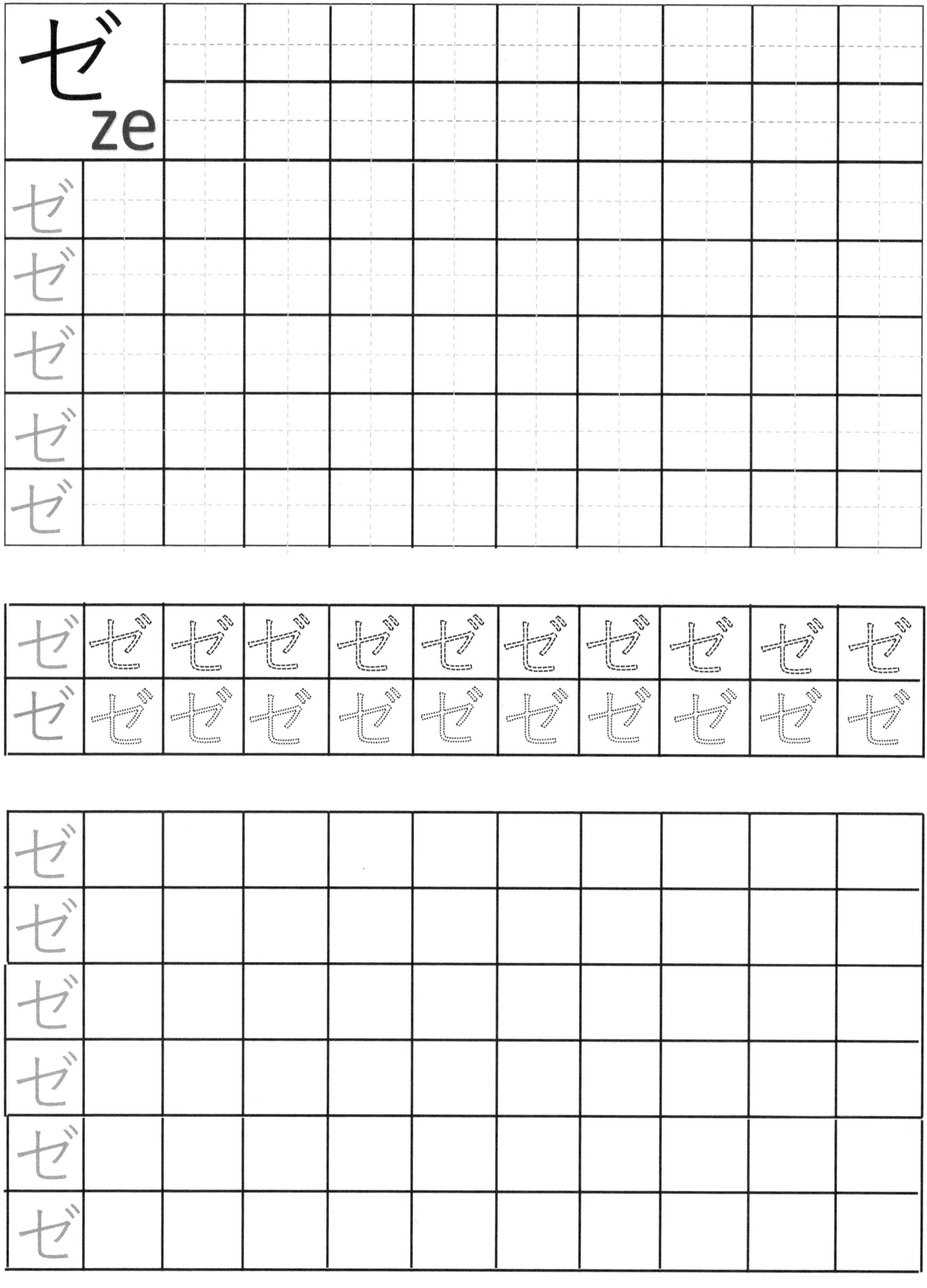
ゼ
ze

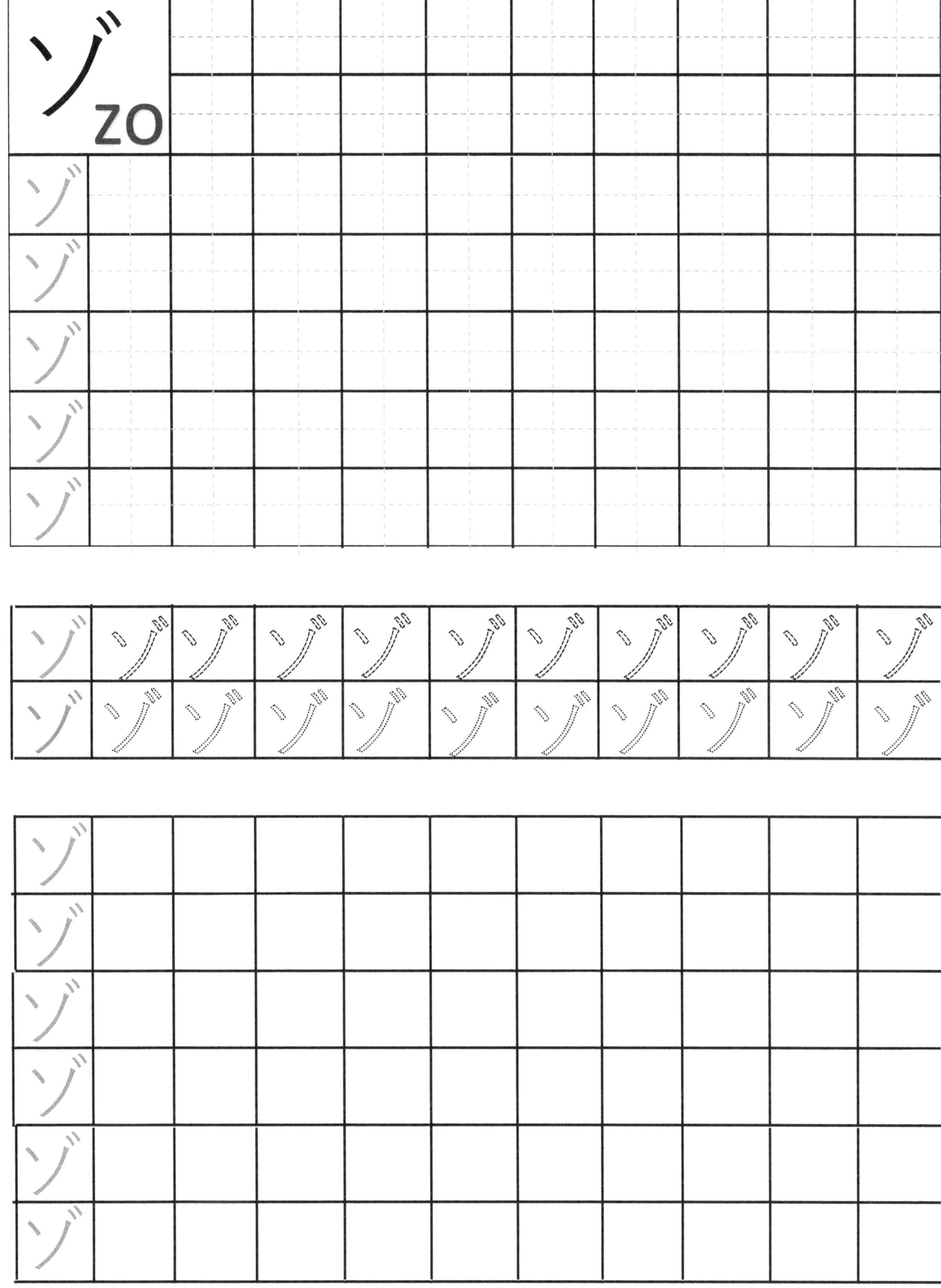
ゾ
ZO

タ

ta

タ
タ
タ
タ
タ

タタタタタタタタタタタ
タタタタタタタタタタタ

タ
タ
タ
タ
タ
タ

チ chi

ツ
tsu

ツ
ツ
ツ
ツ
ツ

ツツツツツツツツツツツ
ツツツツツツツツツツツ

ツ
ツ
ツ
ツ
ツ
ツ

テ te

テ
テ
テ
テ
テ

テテテテテテテテテテテ
テテテテテテテテテテテ

テ
テ
テ
テ
テ
テ

ト

to

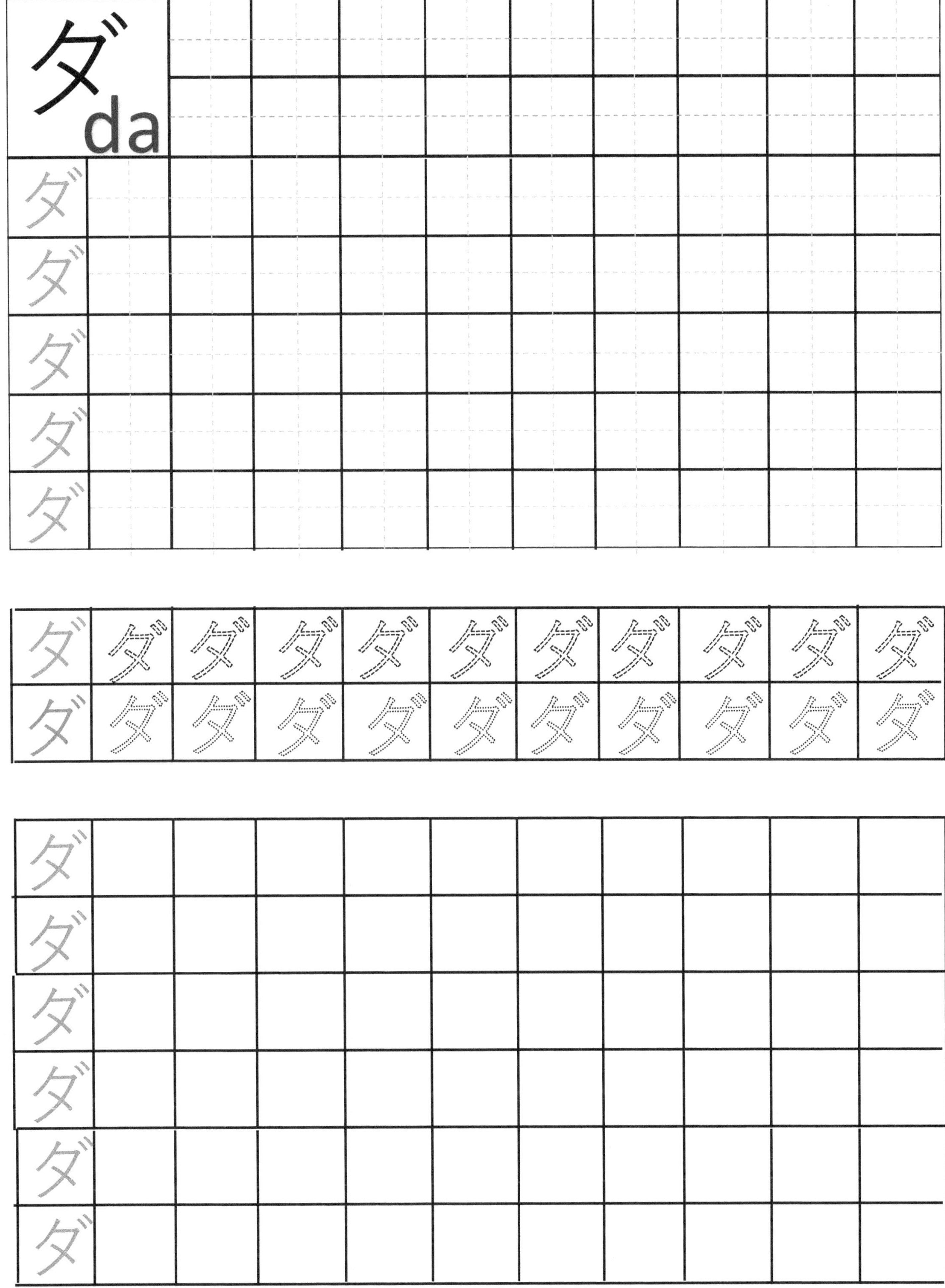
ダ
da

ヂ ji

ヂ
ヂ
ヂ
ヂ
ヂ

ヂ	ヂ	ヂ	ヂ	ヂ	ヂ	ヂ	ヂ	ヂ	ヂ	ヂ
ヂ	ヂ	ヂ	ヂ	ヂ	ヂ	ヂ	ヂ	ヂ	ヂ	ヂ

ヂ
ヂ
ヂ
ヂ
ヂ
ヂ

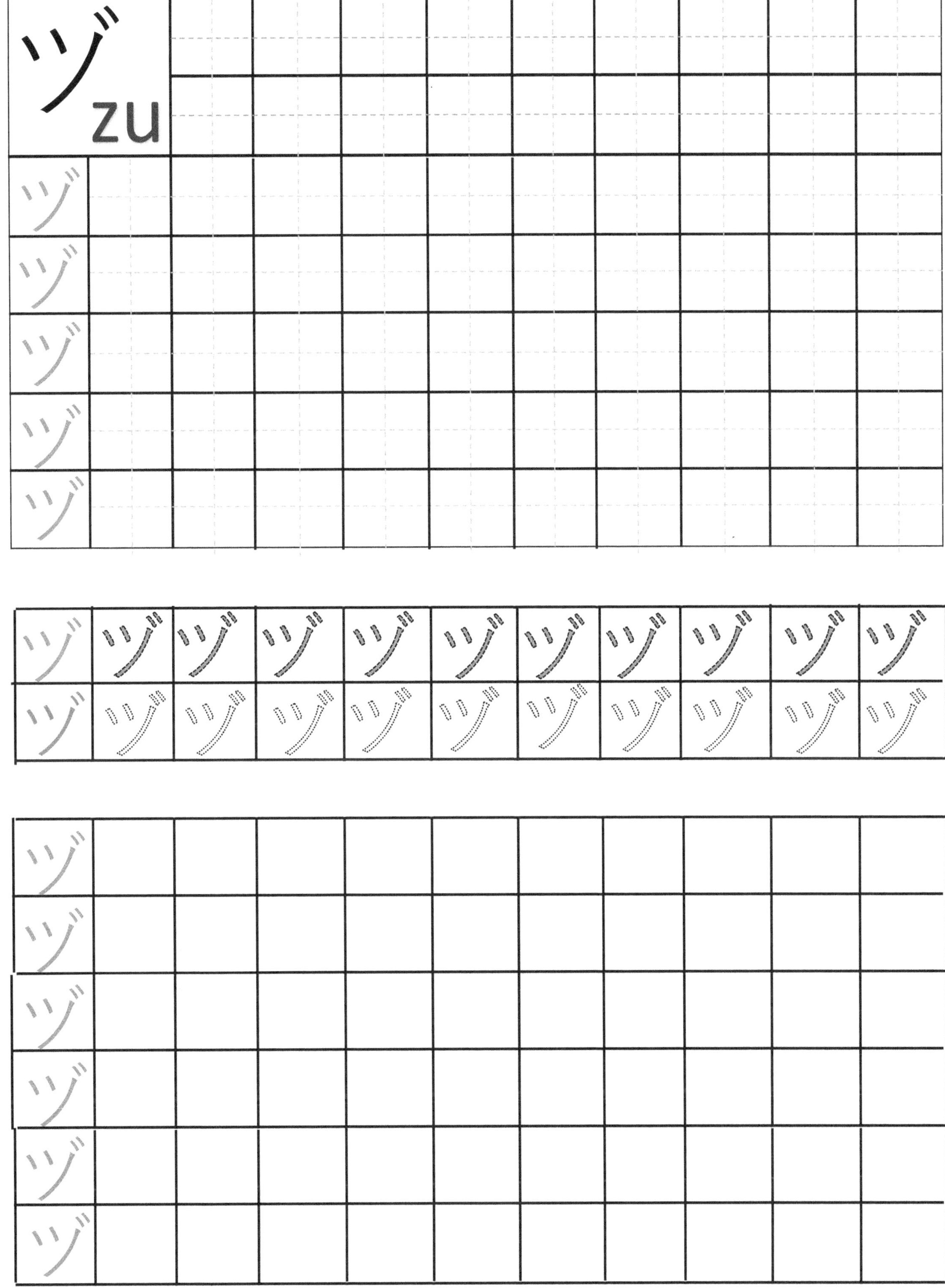
ヅ
zu

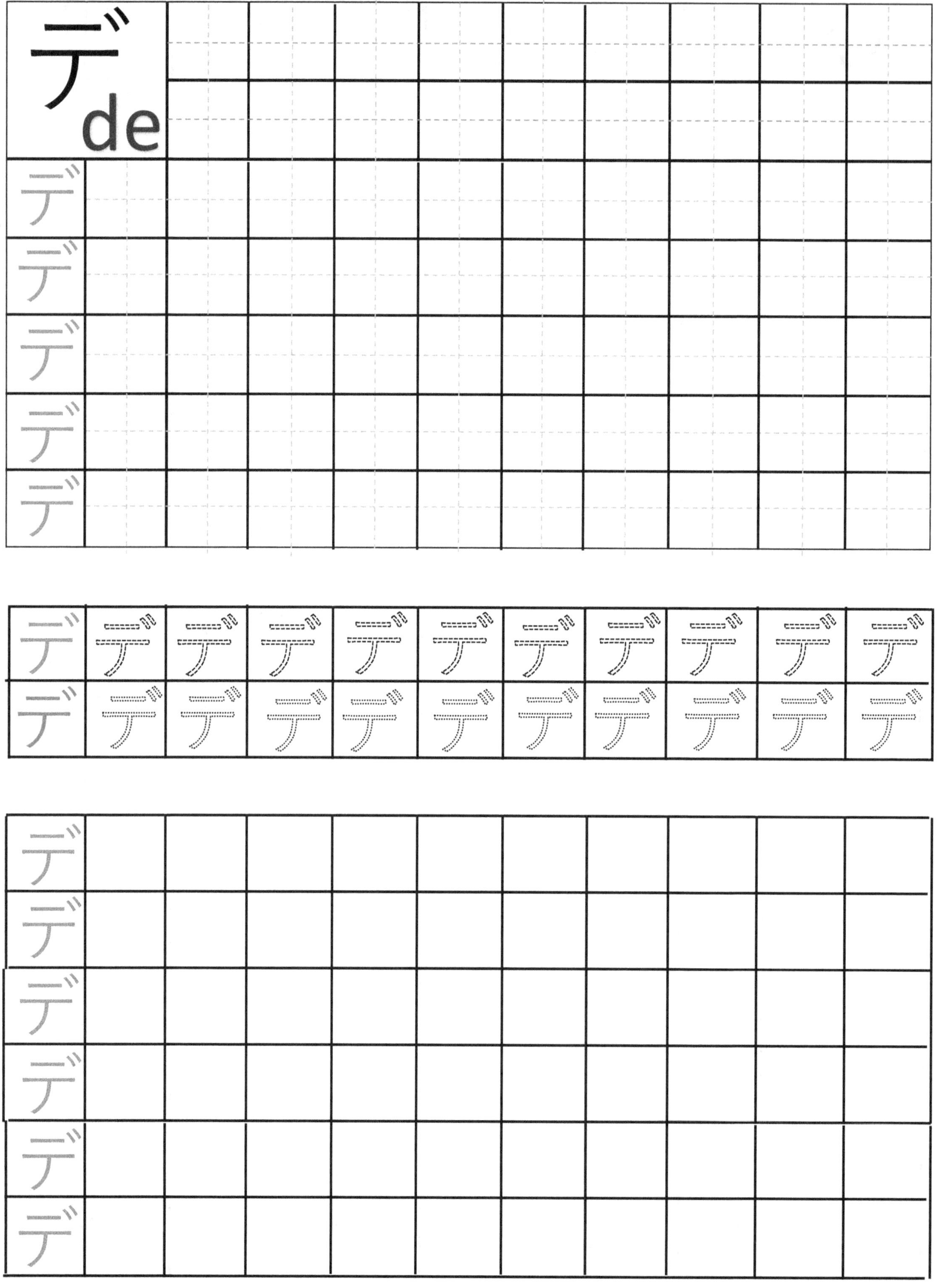
デ
de

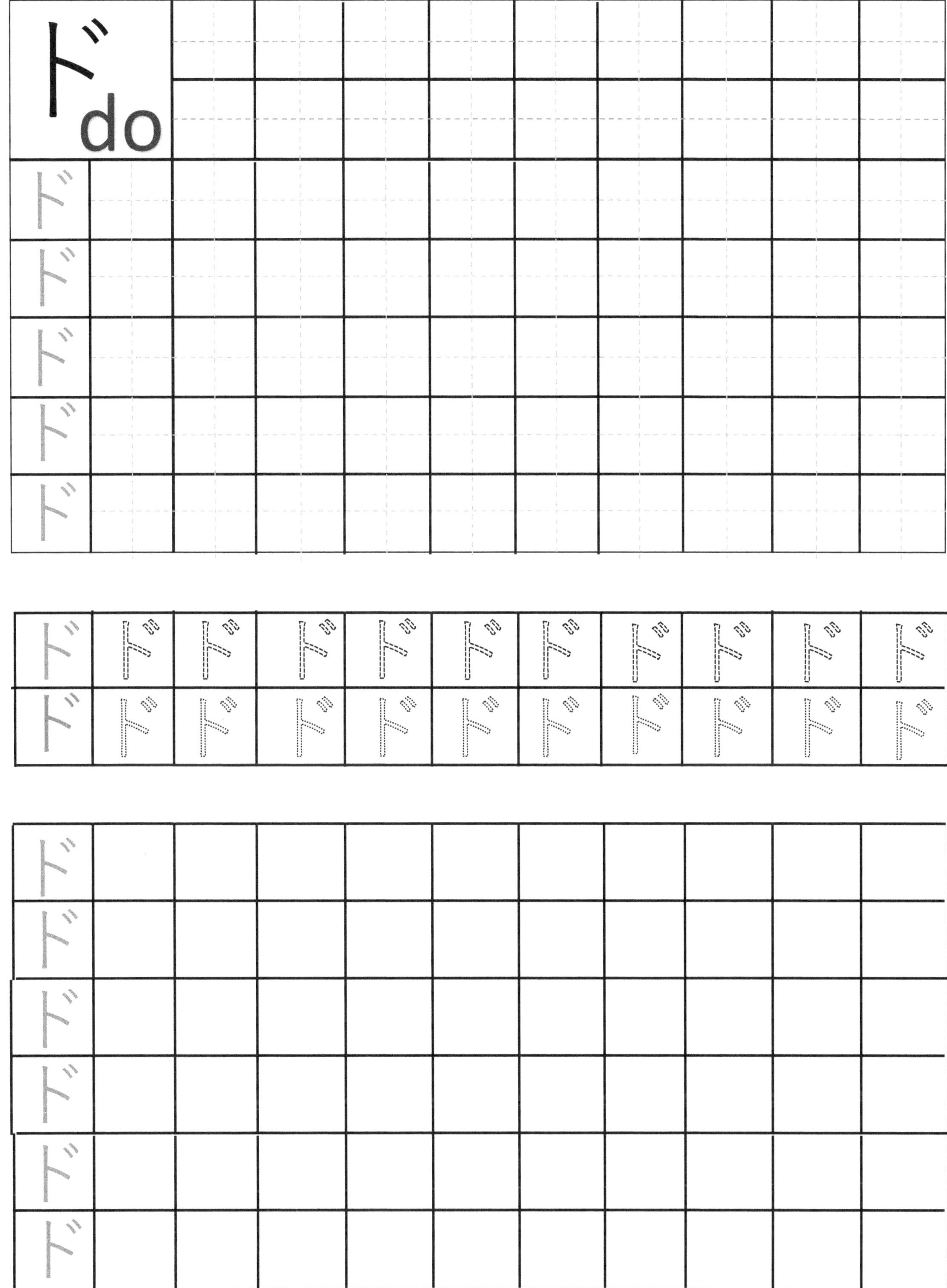

ド
do

ナ na

ナ
ナ
ナ
ナ
ナ

ナナナナナナナナナナナ
ナナナナナナナナナナナ

ナ
ナ
ナ
ナ
ナ
ナ

二

ni

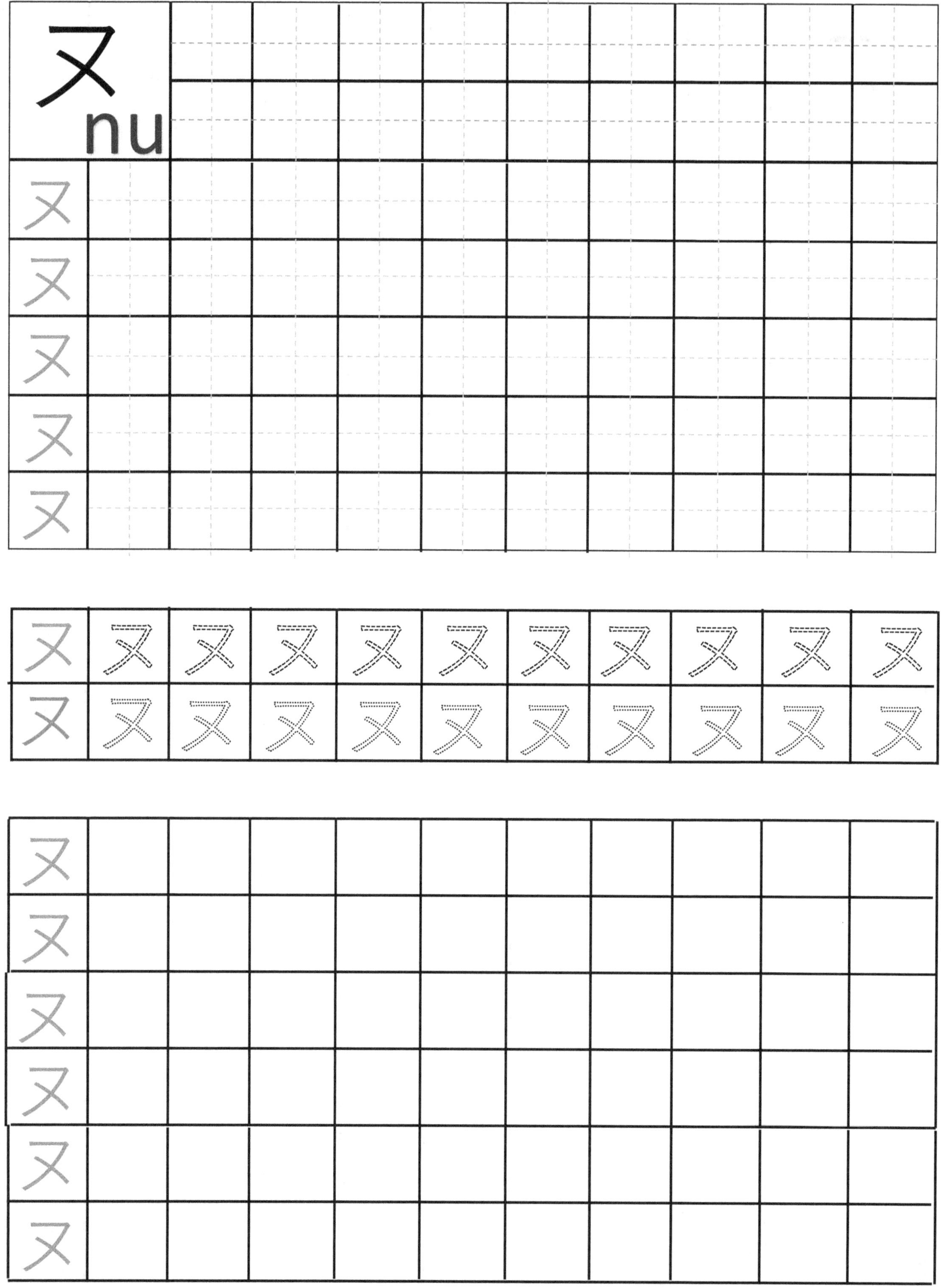

ヌ
nu

ネ ne

ネ
ネ
ネ
ネ
ネ

ネ ネ ネ ネ ネ ネ ネ ネ ネ ネ ネ
ネ ネ ネ ネ ネ ネ ネ ネ ネ ネ ネ

ネ
ネ
ネ
ネ
ネ
ネ

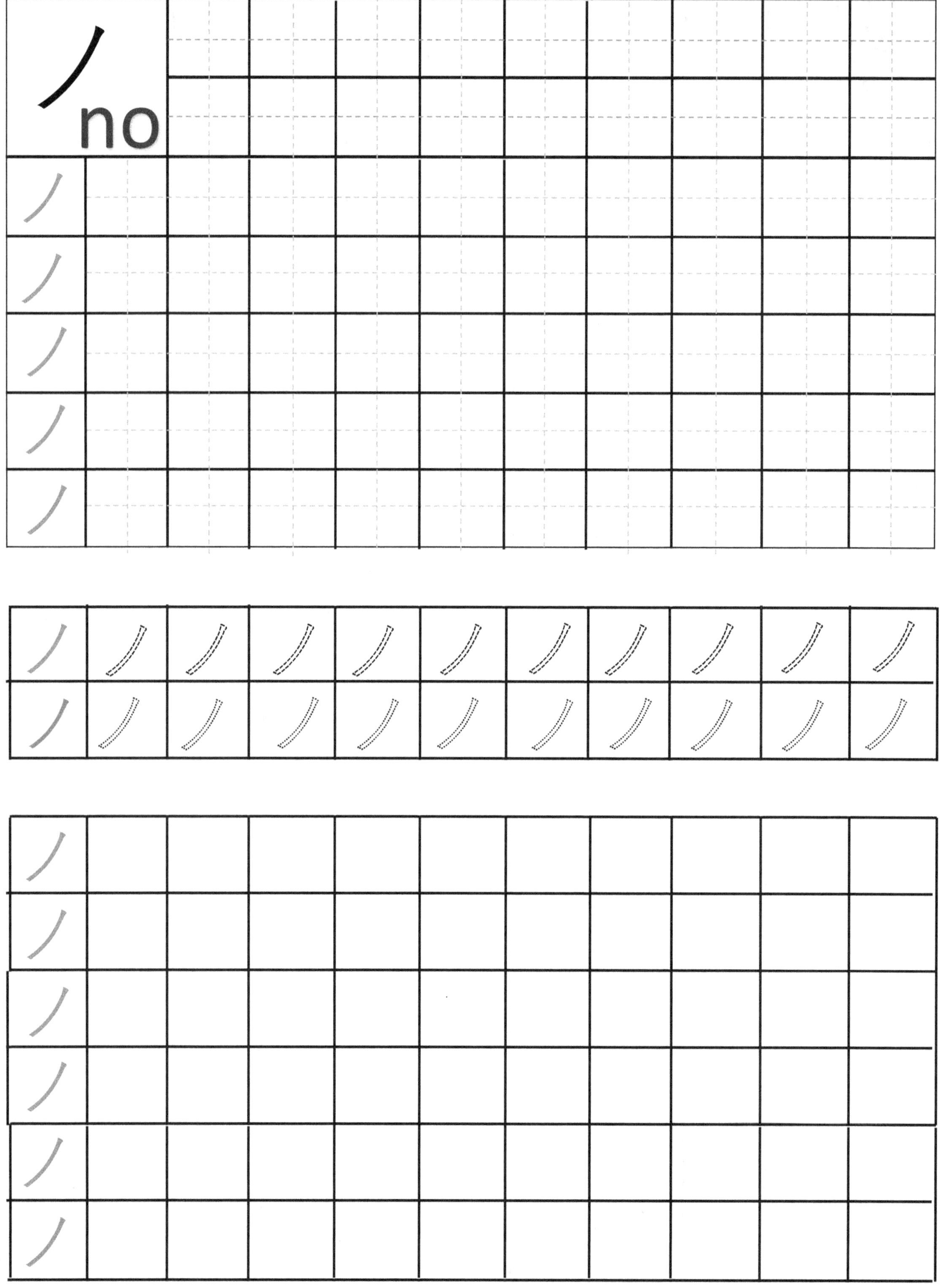

ノ
no

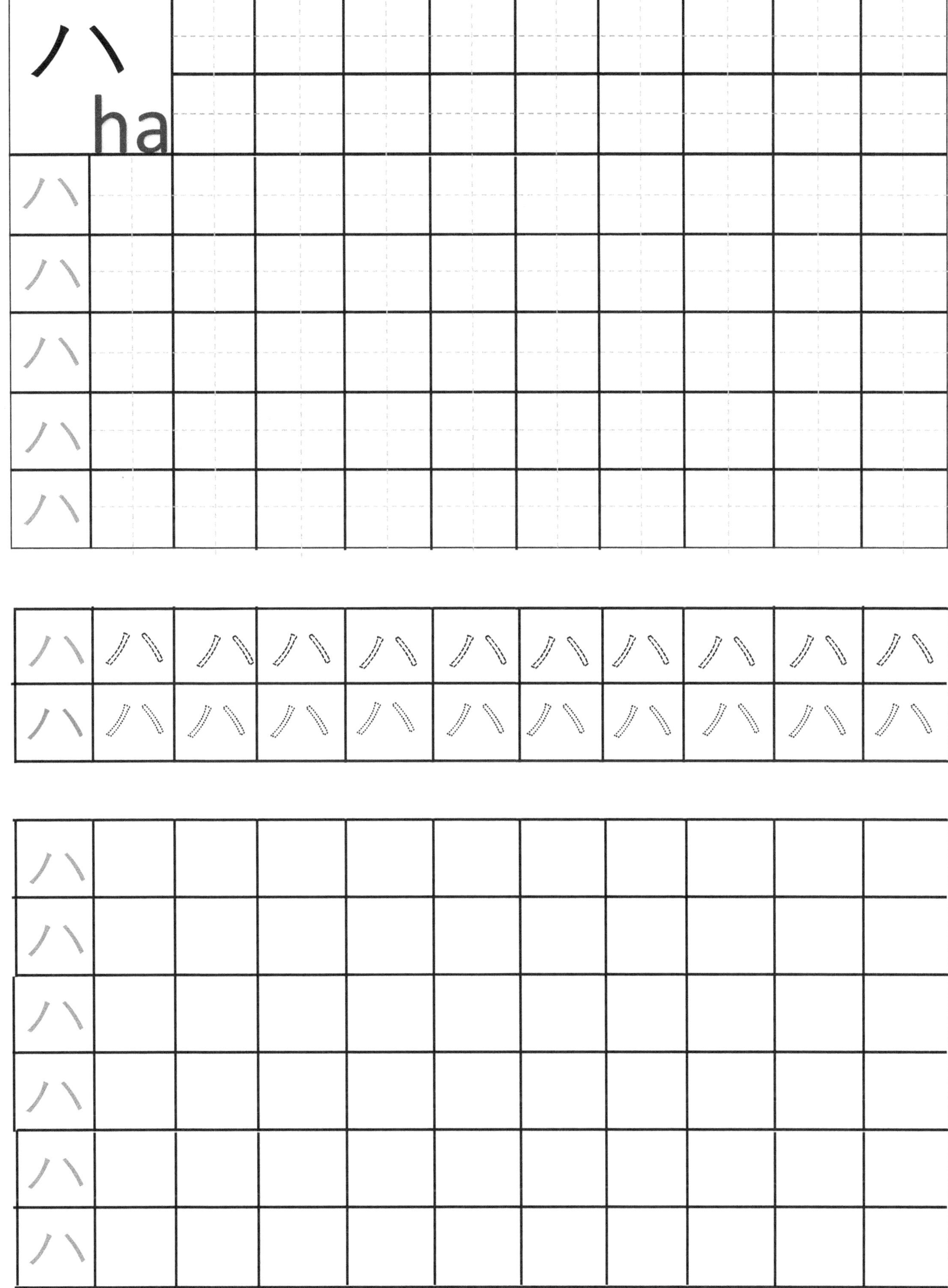

ハ
ha

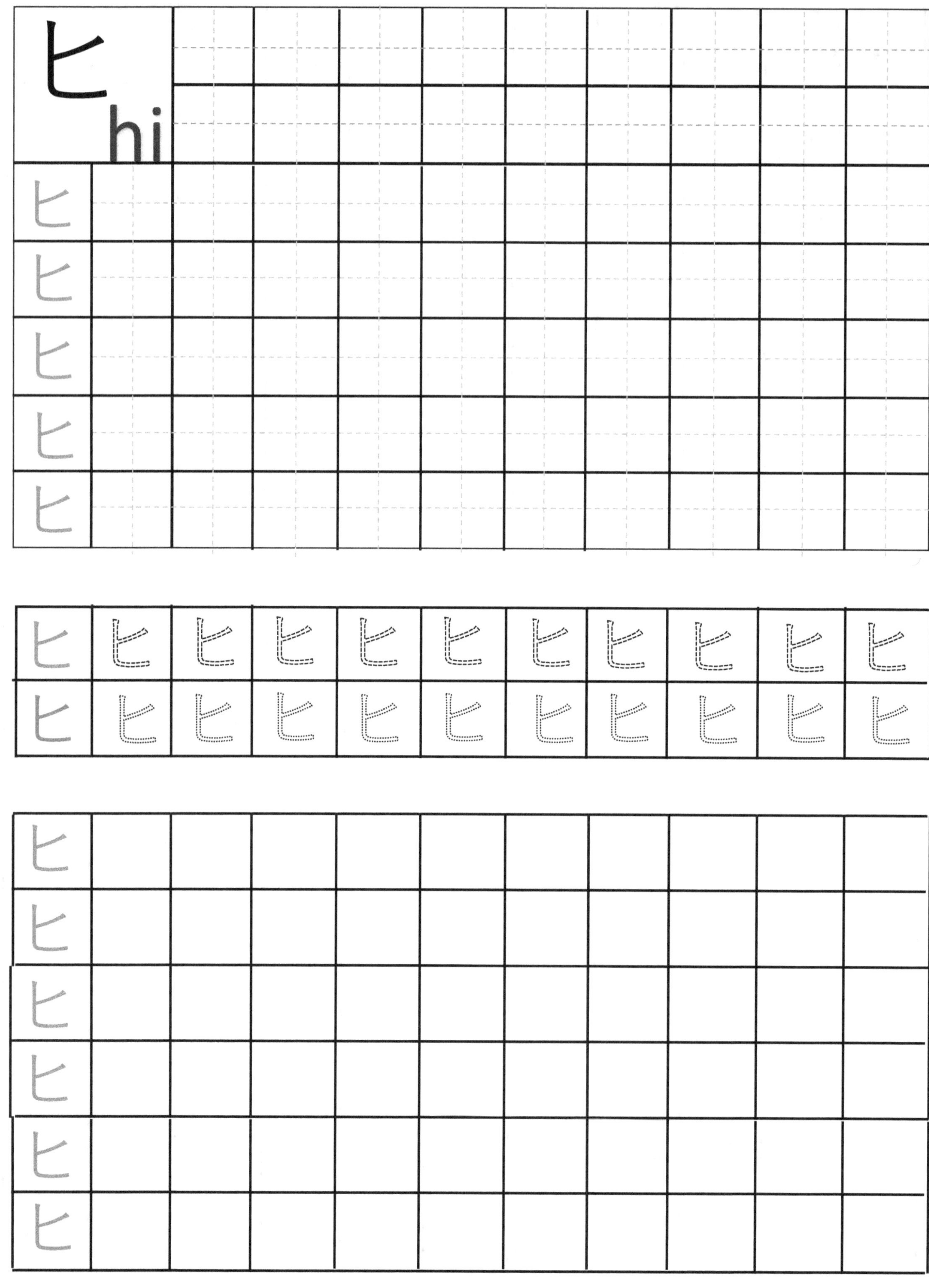
ヒ
hi

フ fu

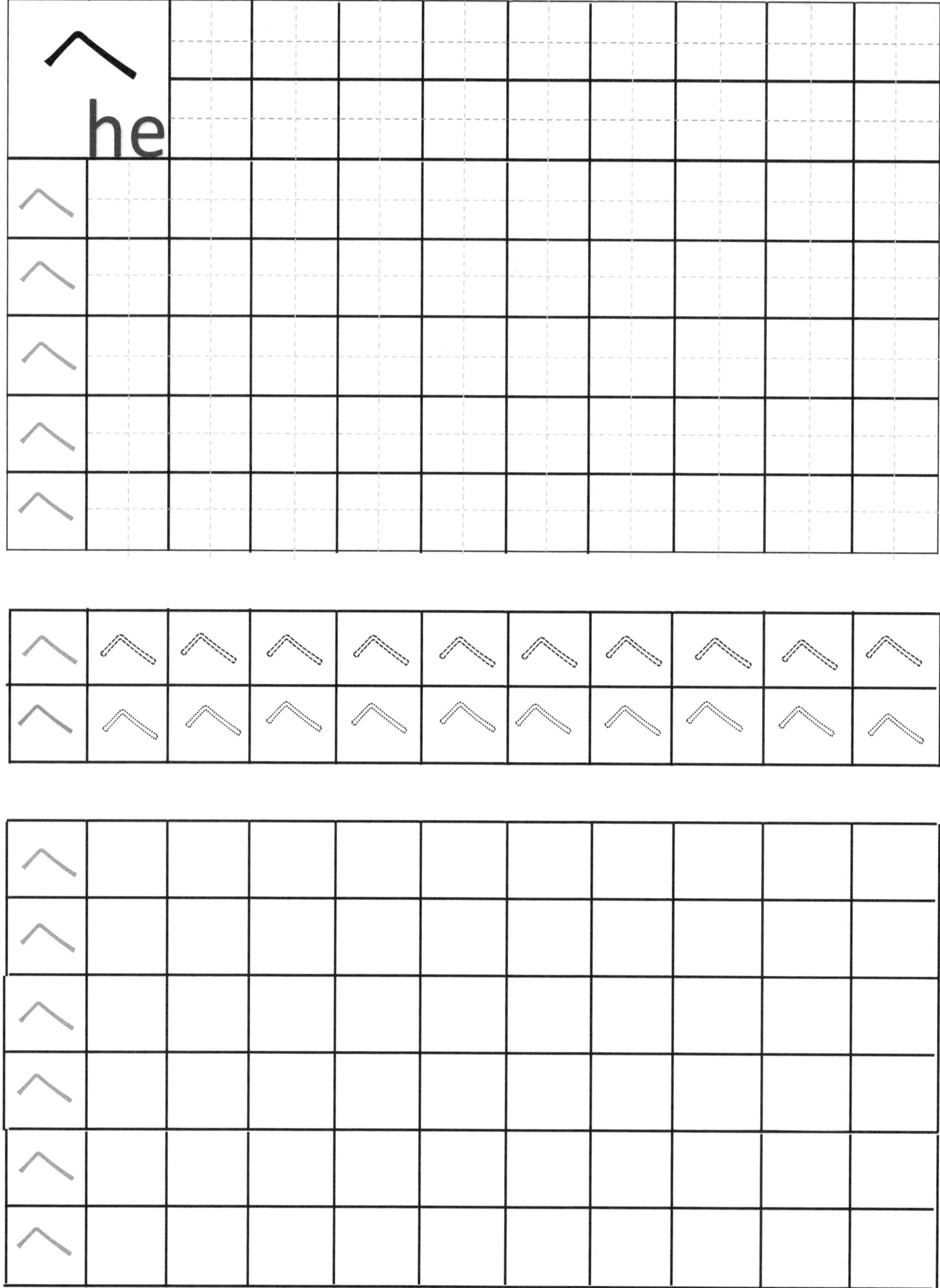

he

ホ ho

ホ
ホ
ホ
ホ
ホ

ホ ホ ホ ホ ホ ホ ホ ホ ホ ホ ホ
ホ ホ ホ ホ ホ ホ ホ ホ ホ ホ

ホ
ホ
ホ
ホ
ホ
ホ

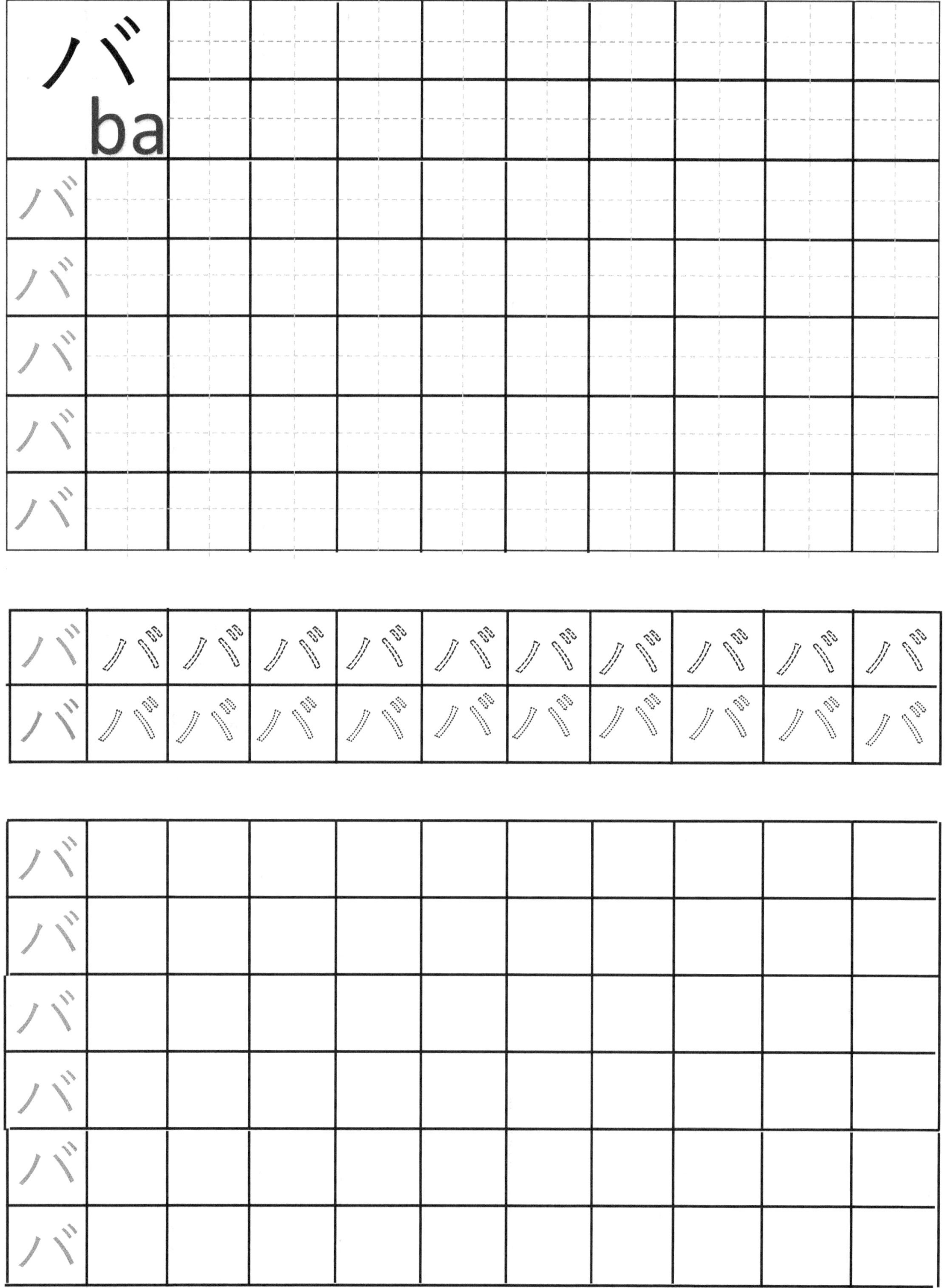

バ
ba

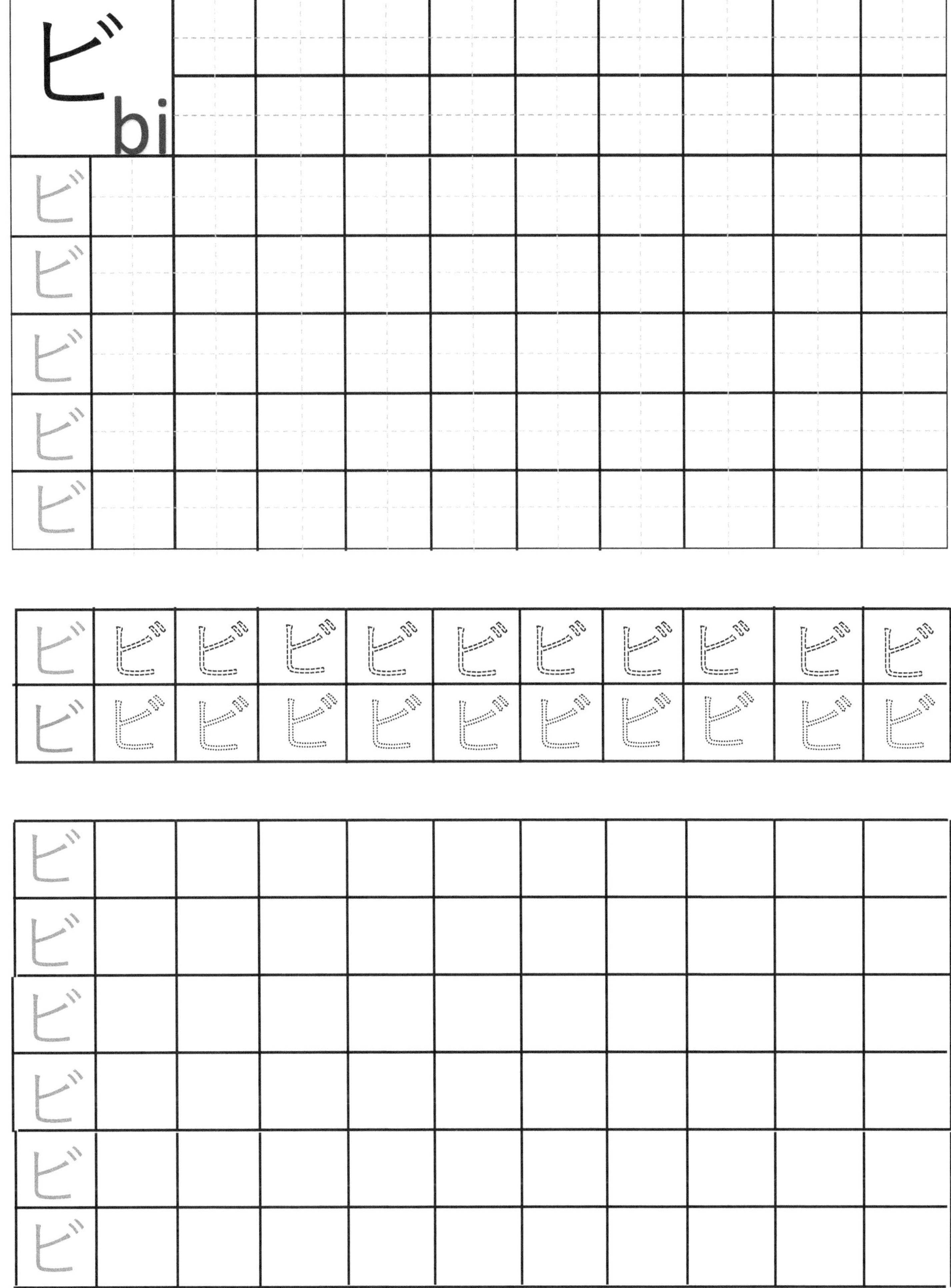
ビ
bi

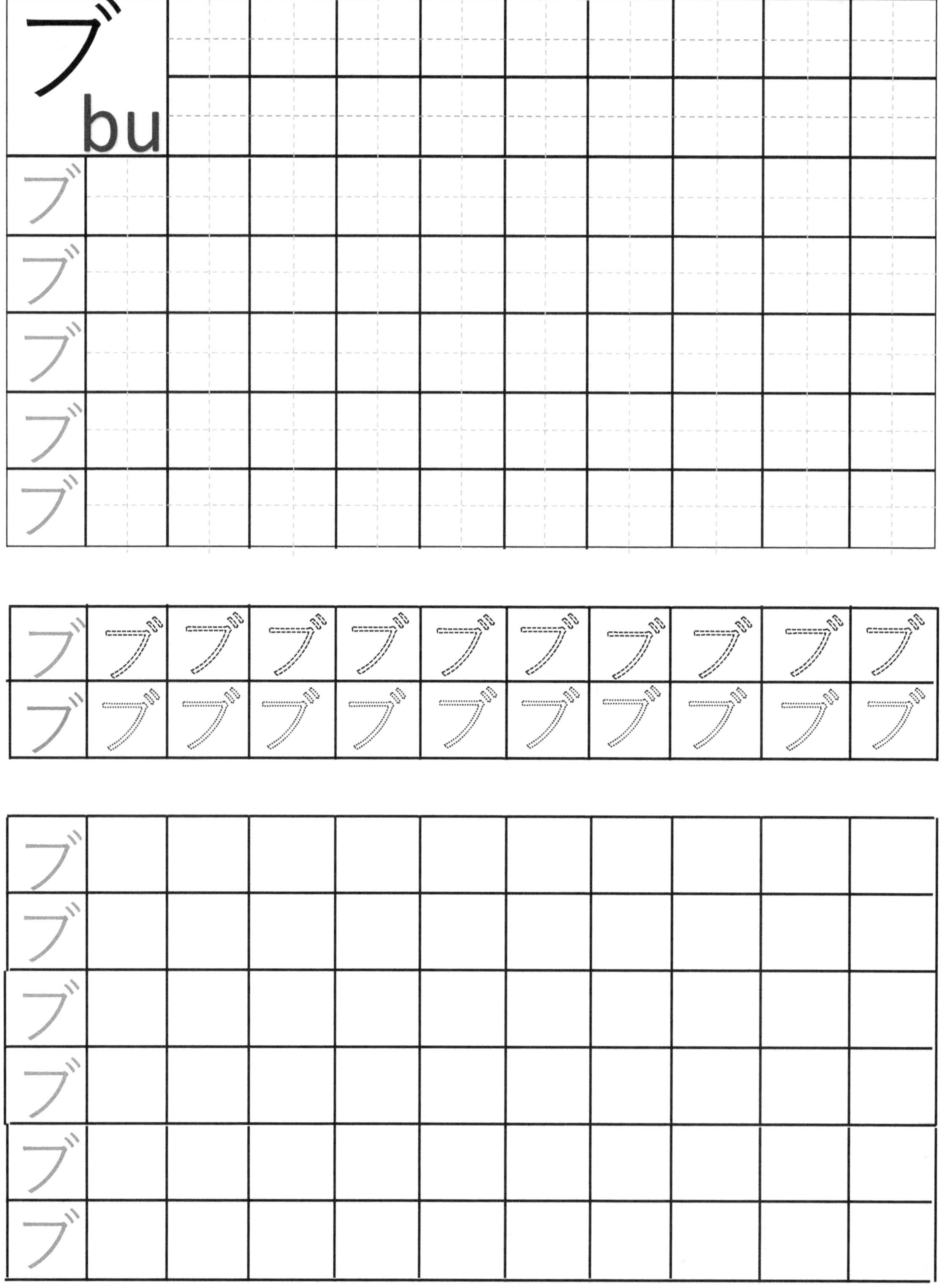

ブ
bu

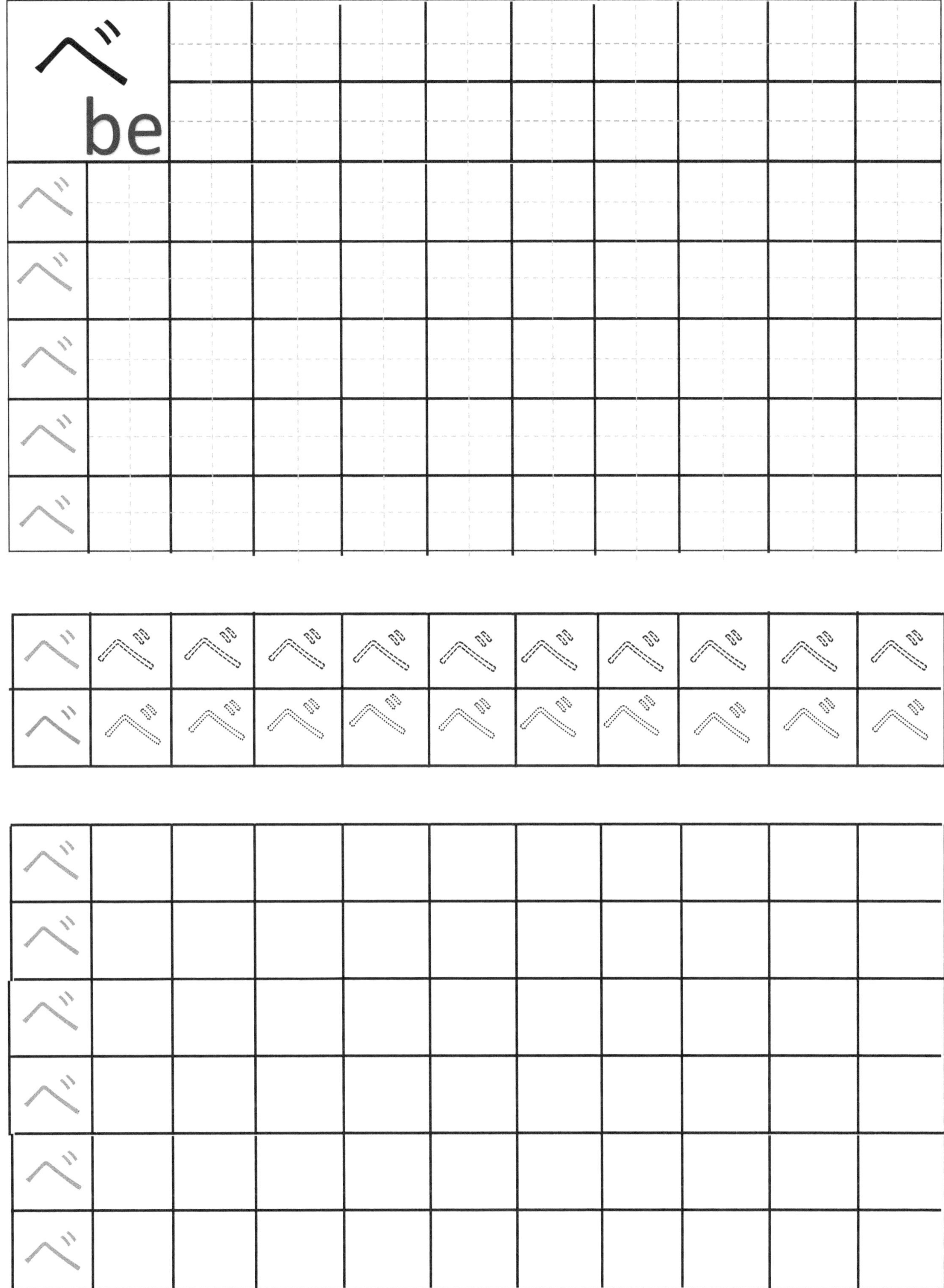

べ
be

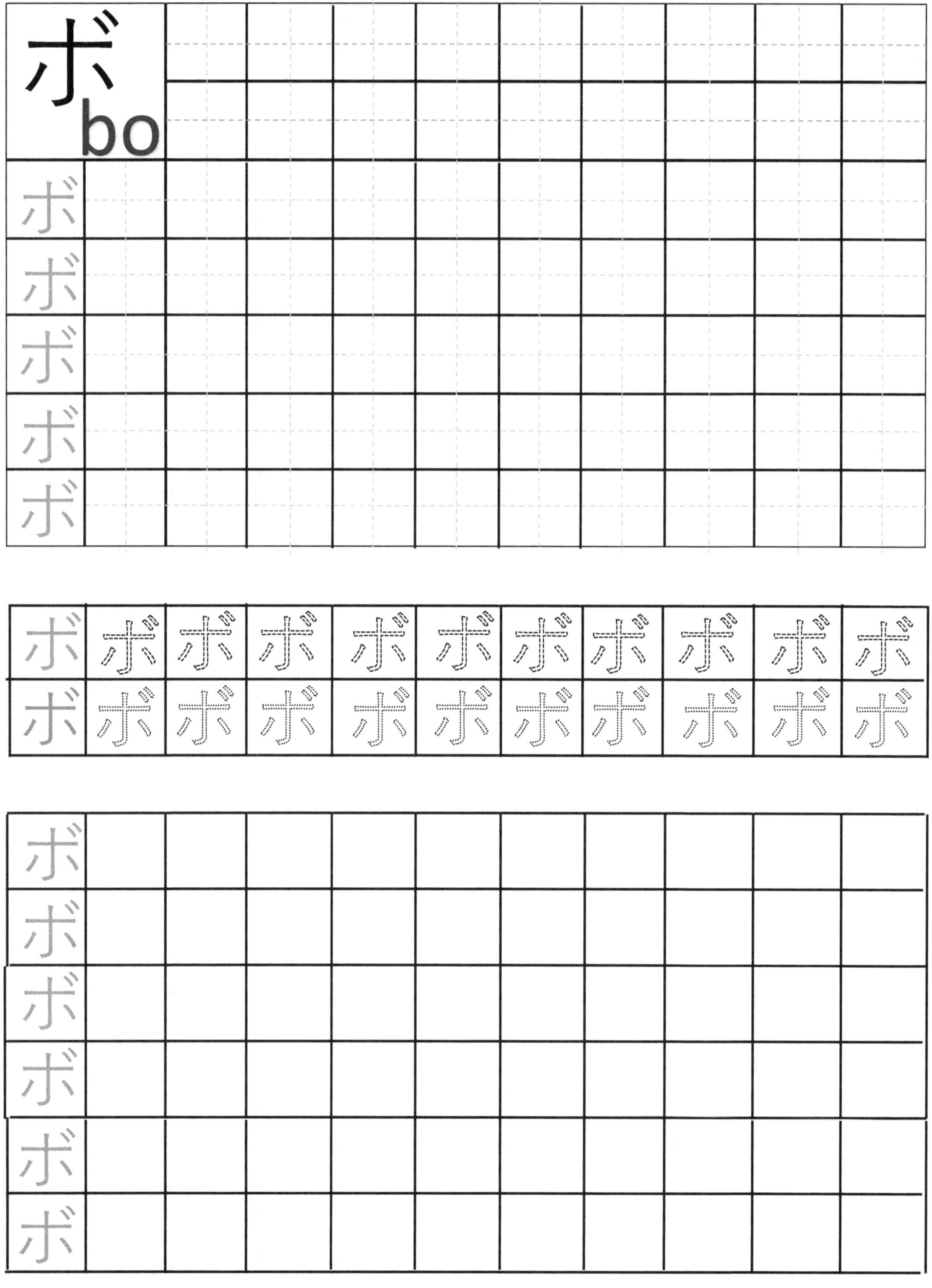
ボ
bo

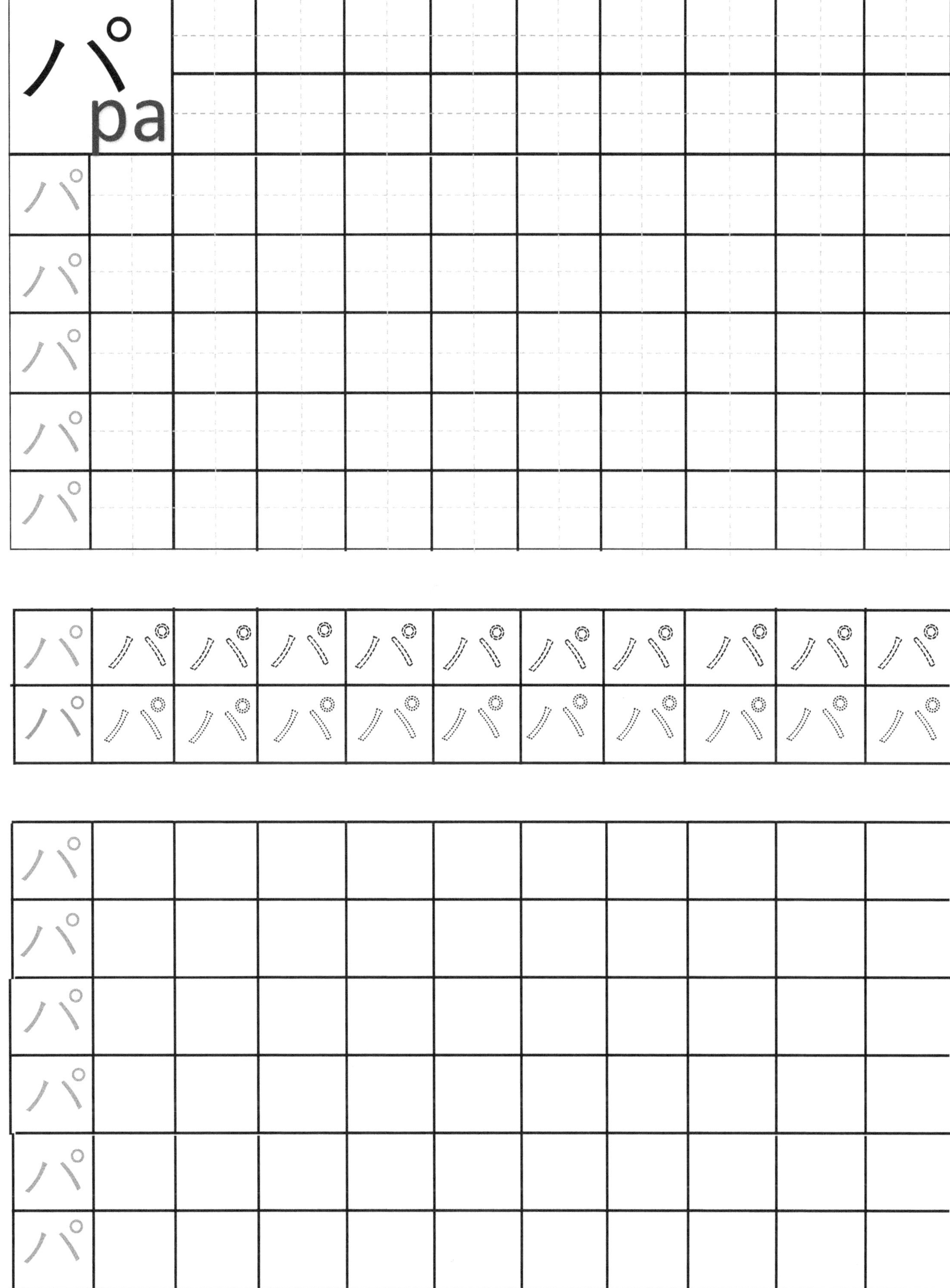
パ
pa

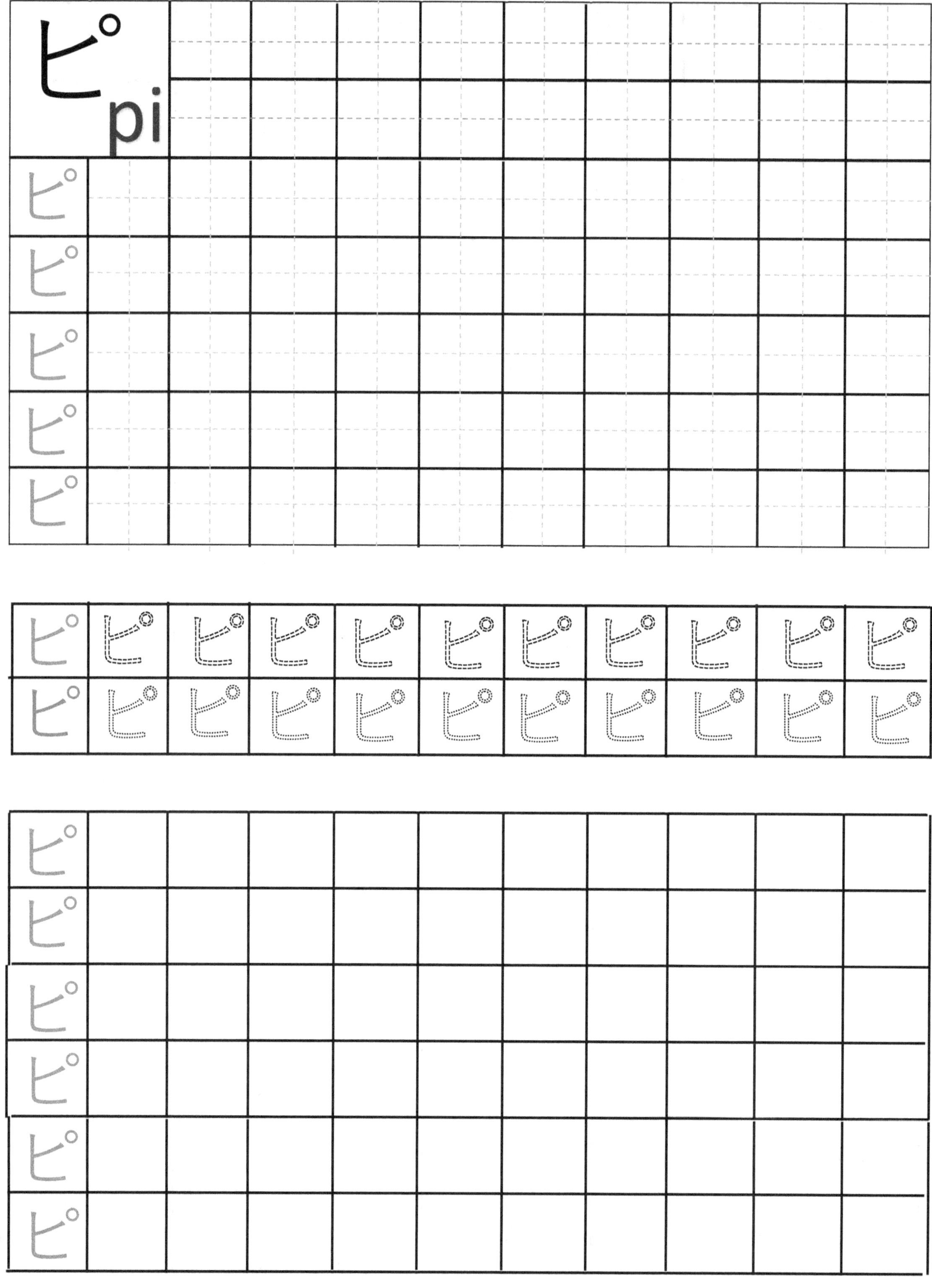

ピ
pi

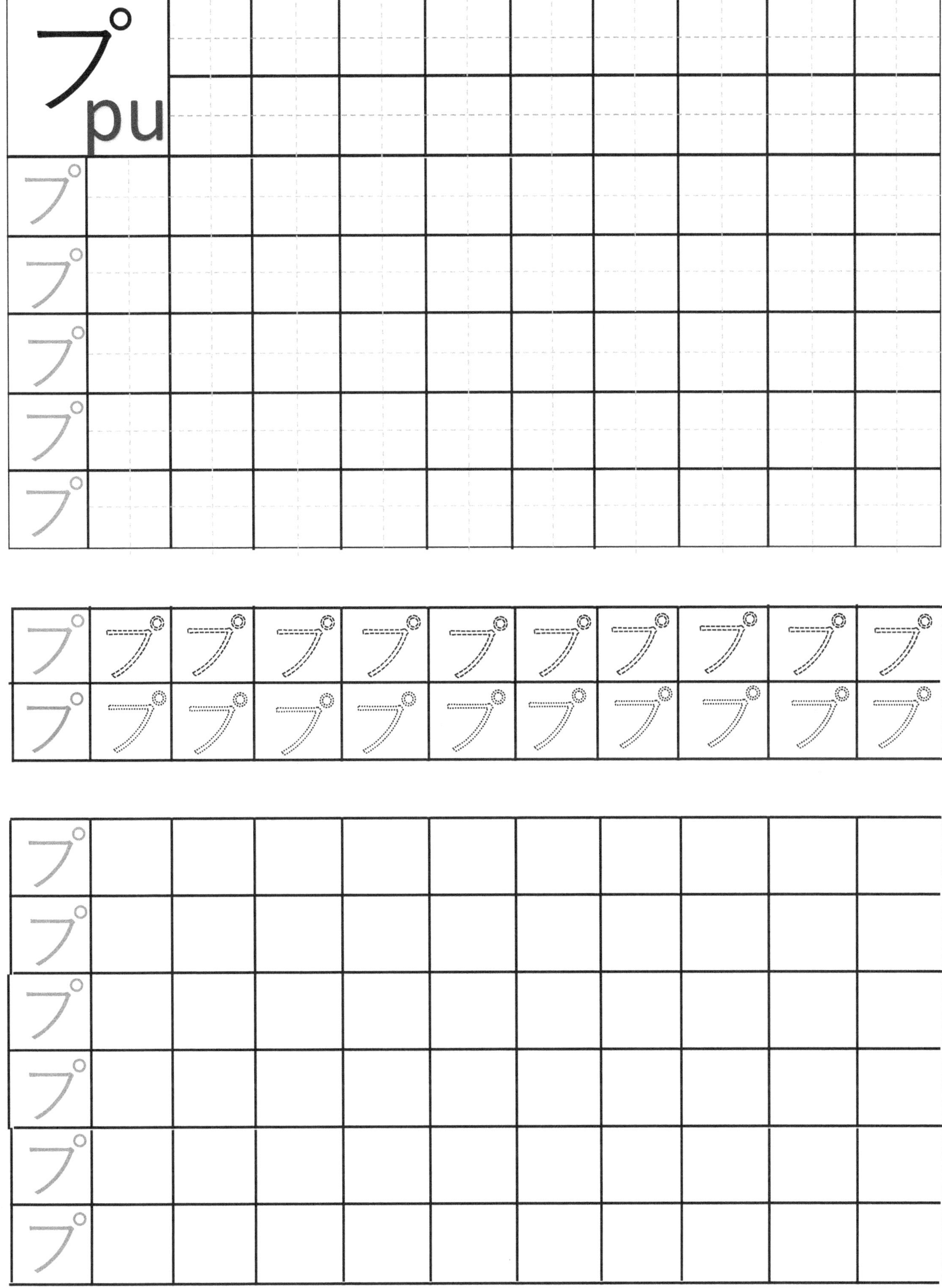
プ
pu

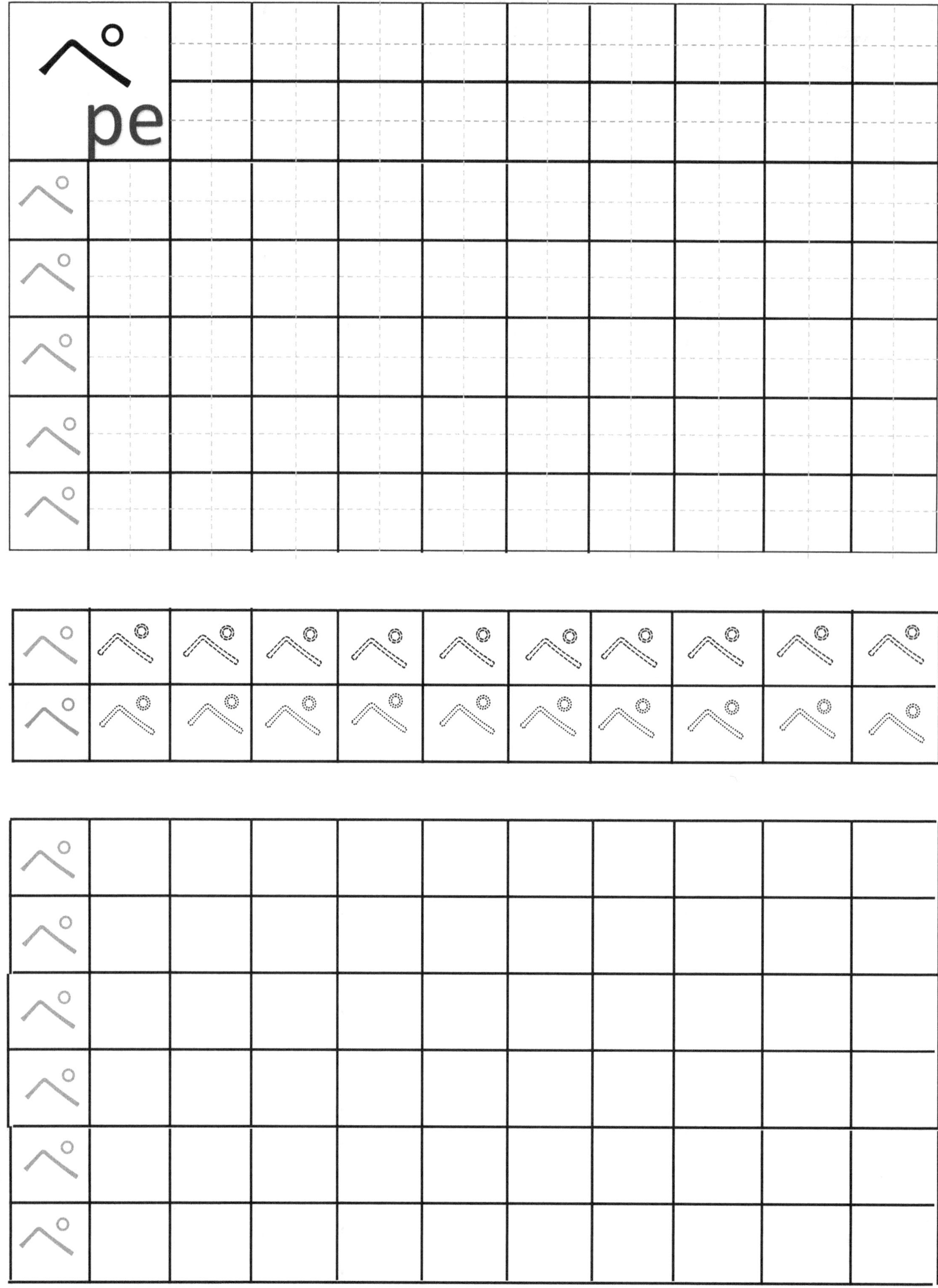
ぺ
pe

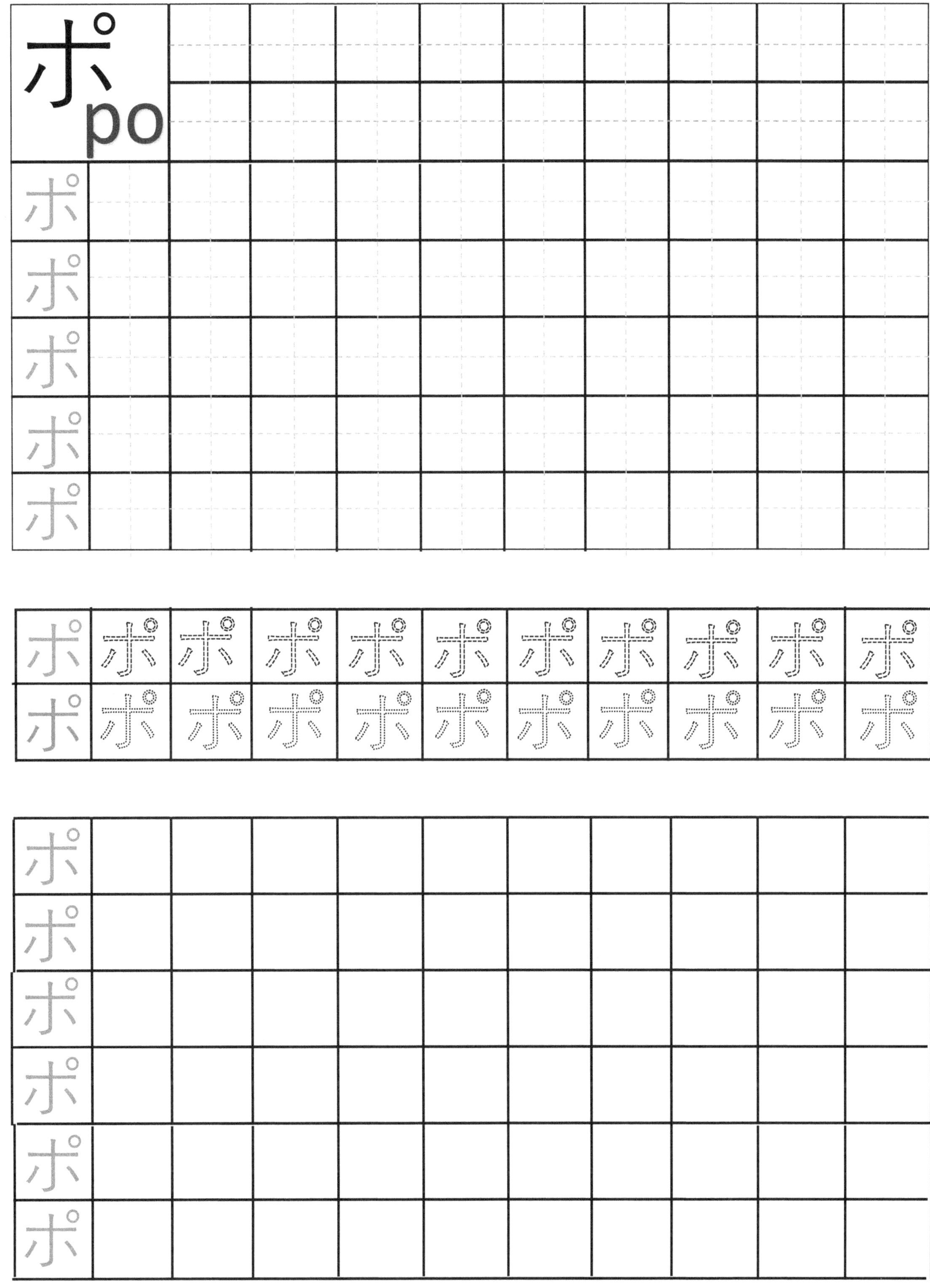

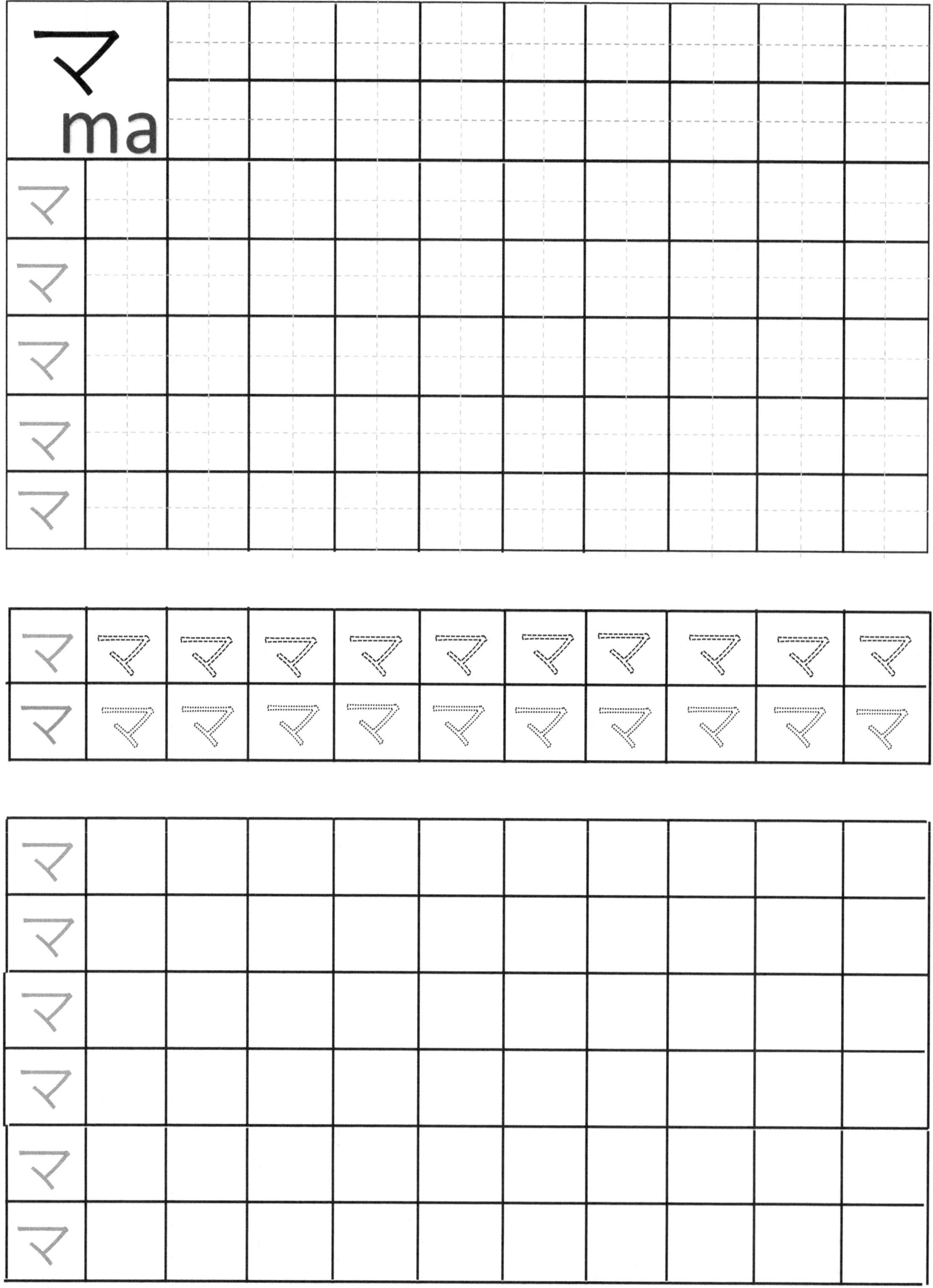

マ
ma

ミ mi

ム

mu

ム
ム
ム
ム
ム

ム ム ム ム ム ム ム ム ム ム ム
ム ム ム ム ム ム ム ム ム ム ム

ム
ム
ム
ム
ム
ム

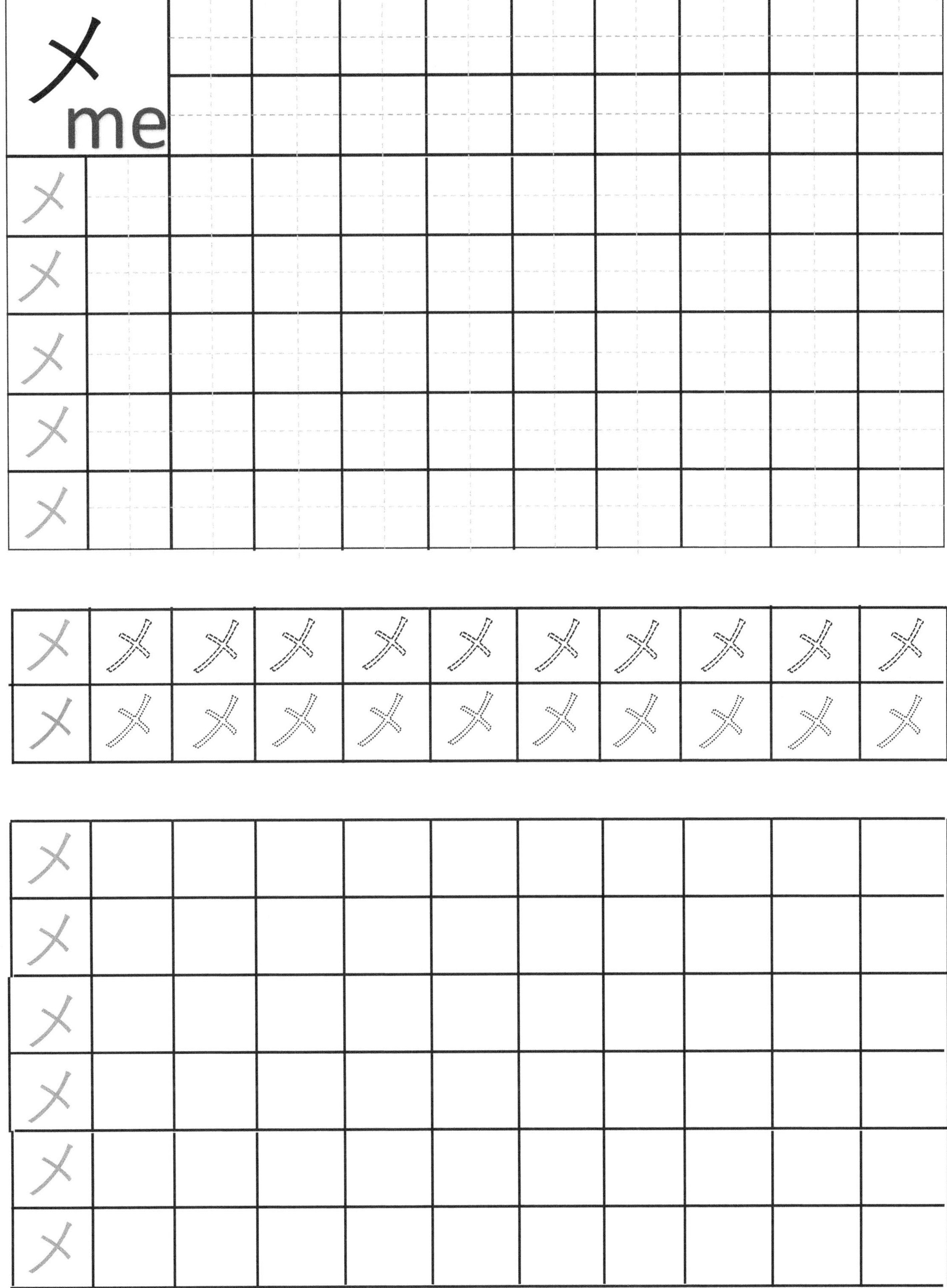
メ
me

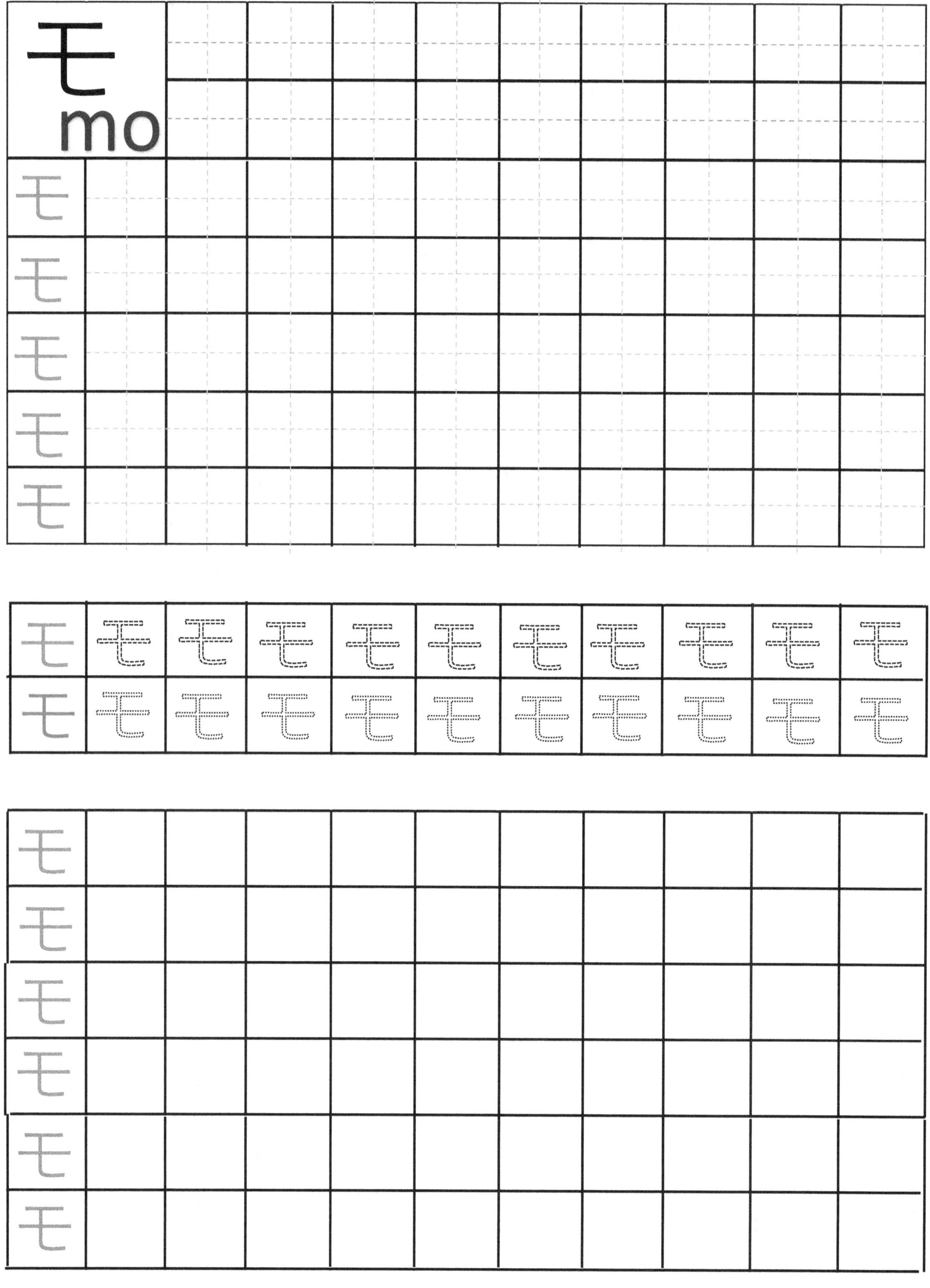
モ
mo

ヤ ya

ヤ
ヤ
ヤ
ヤ
ヤ

ヤヤヤヤヤヤヤヤヤヤヤ
ヤヤヤヤヤヤヤヤヤヤヤ

ヤ
ヤ
ヤ
ヤ
ヤ
ヤ

ユ yu

ユ
ユ
ユ
ユ
ユ

ユ ユ ユ ユ ユ ユ ユ ユ ユ ユ ユ
ユ ユ ユ ユ ユ ユ ユ ユ ユ ユ ユ

ユ
ユ
ユ
ユ
ユ
ユ

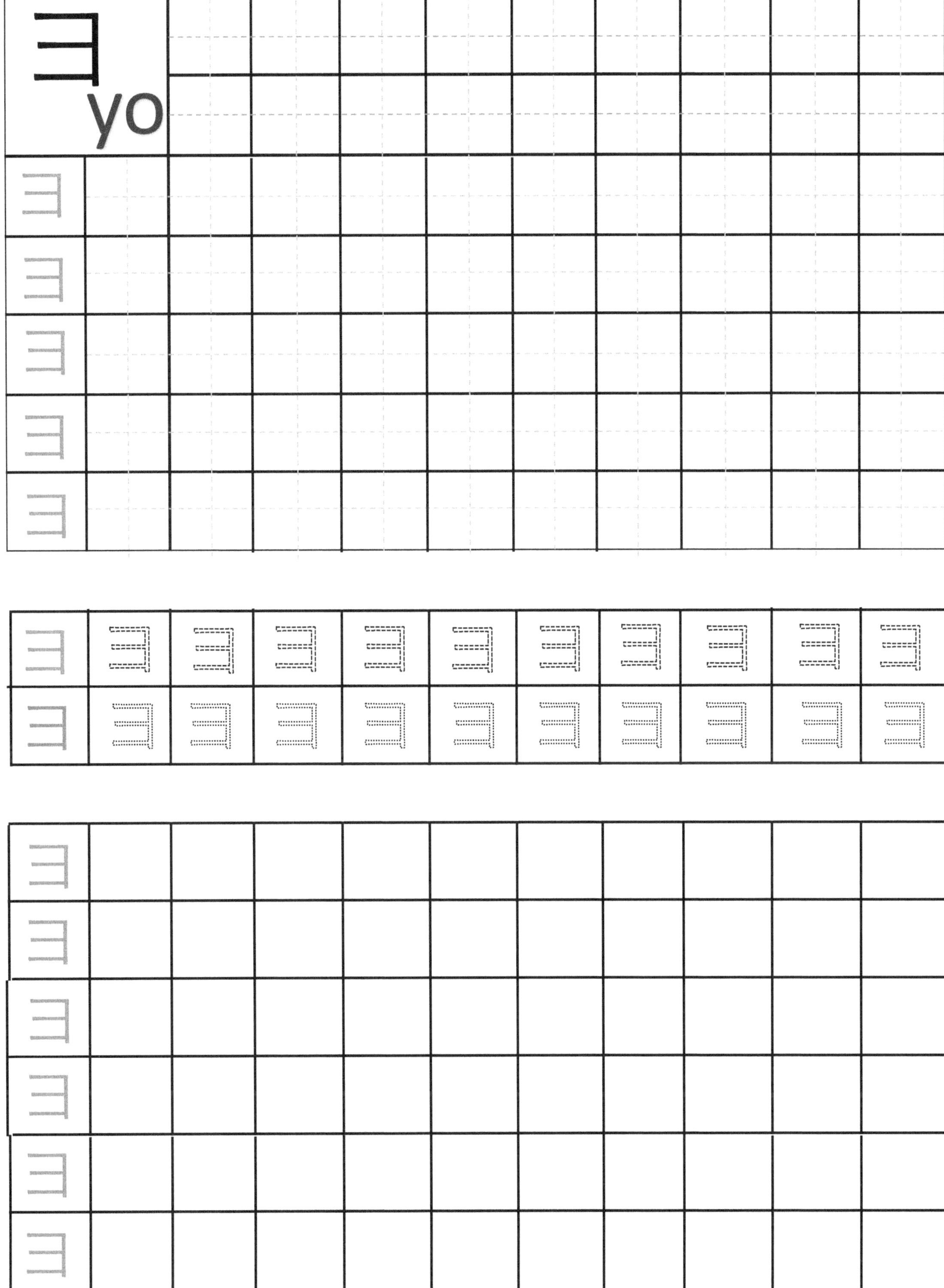
ヨ
yo

ラ
ra

ラ
ラ
ラ
ラ
ラ

ラ ラ ラ ラ ラ ラ ラ ラ ラ ラ ラ
ラ ラ ラ ラ ラ ラ ラ ラ ラ ラ ラ

ラ
ラ
ラ
ラ
ラ
ラ

リ ri

リ
リ
リ
リ
リ

リリリリリリリリリリリ
リリリリリリリリリリリ

リ
リ
リ
リ
リ
リ

ル

ru

ル
ル
ル
ル
ル

ルルルルルルルルルルル
ルルルルルルルルルルル

ル
ル
ル
ル
ル
ル

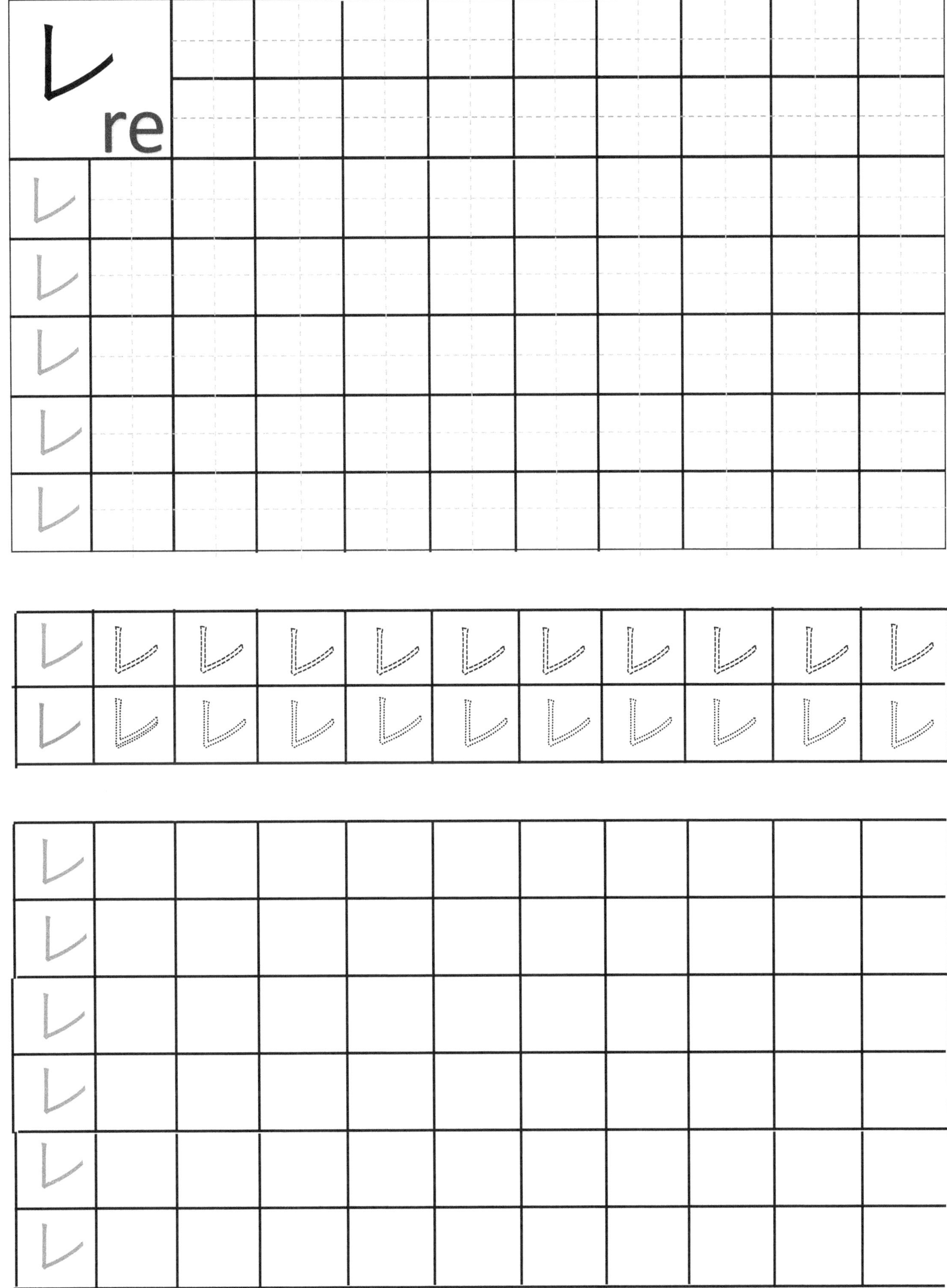
レ
re

ロ
ro

ワ
wa

ヲ wo

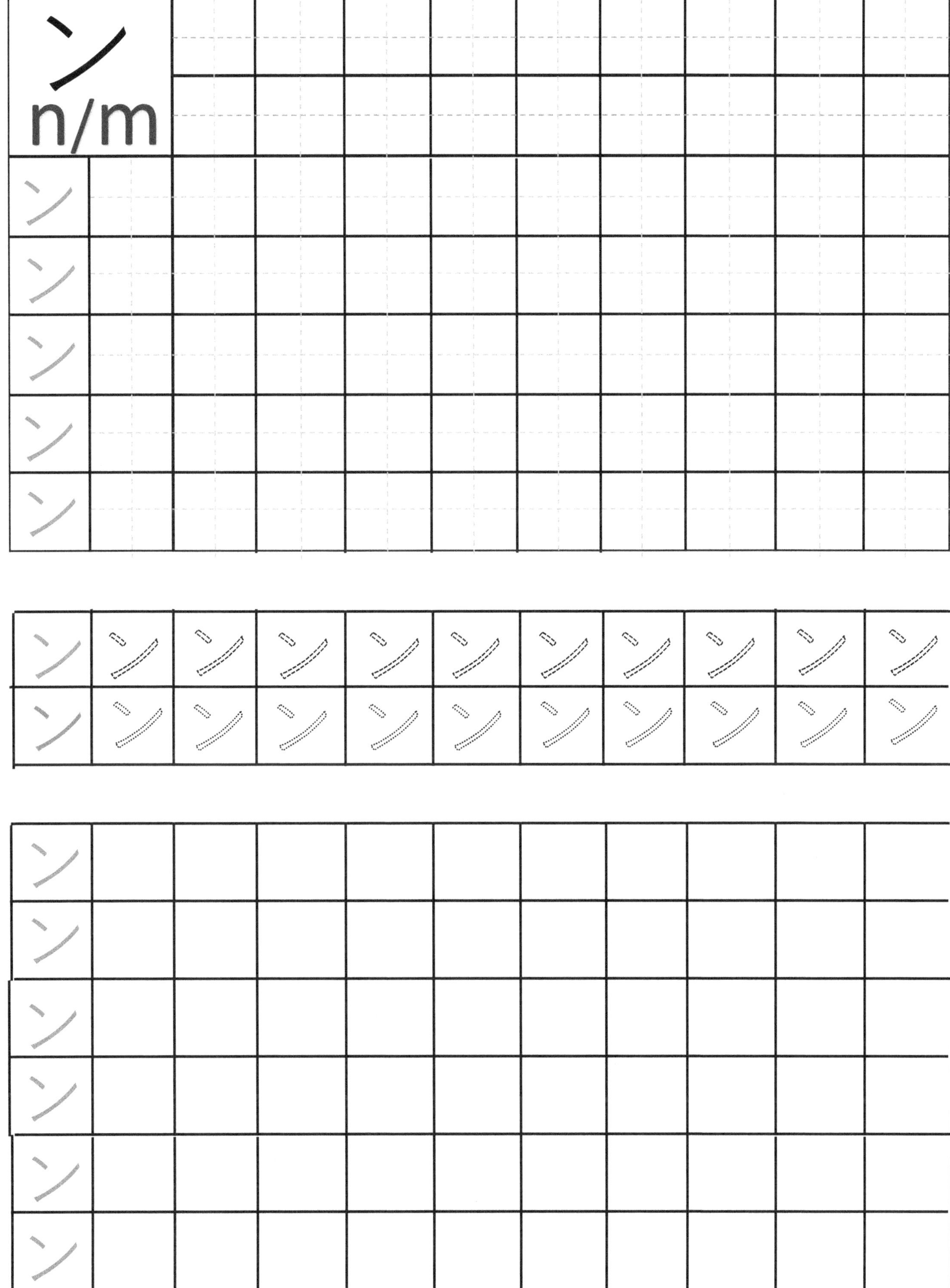

ン
n/m

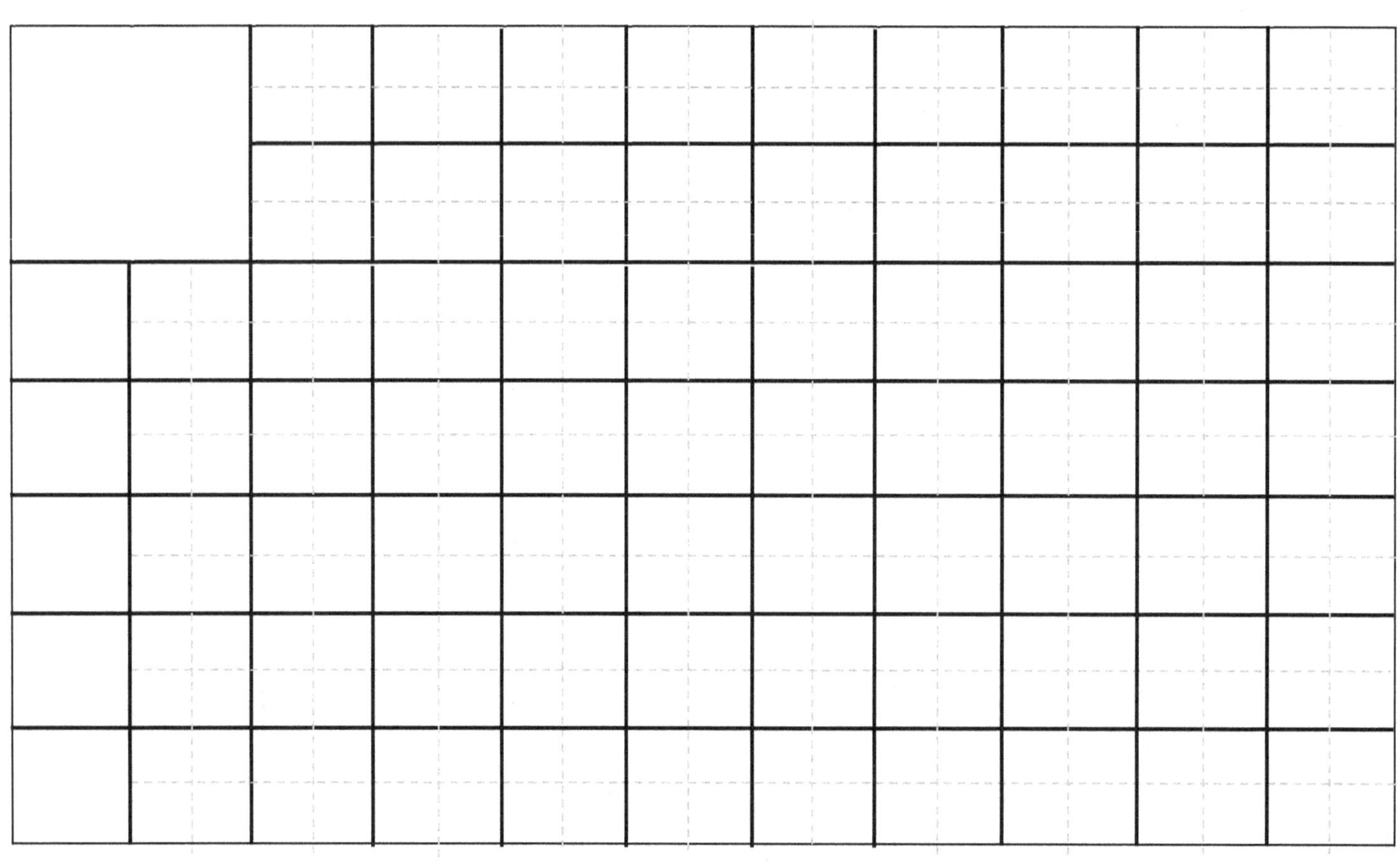

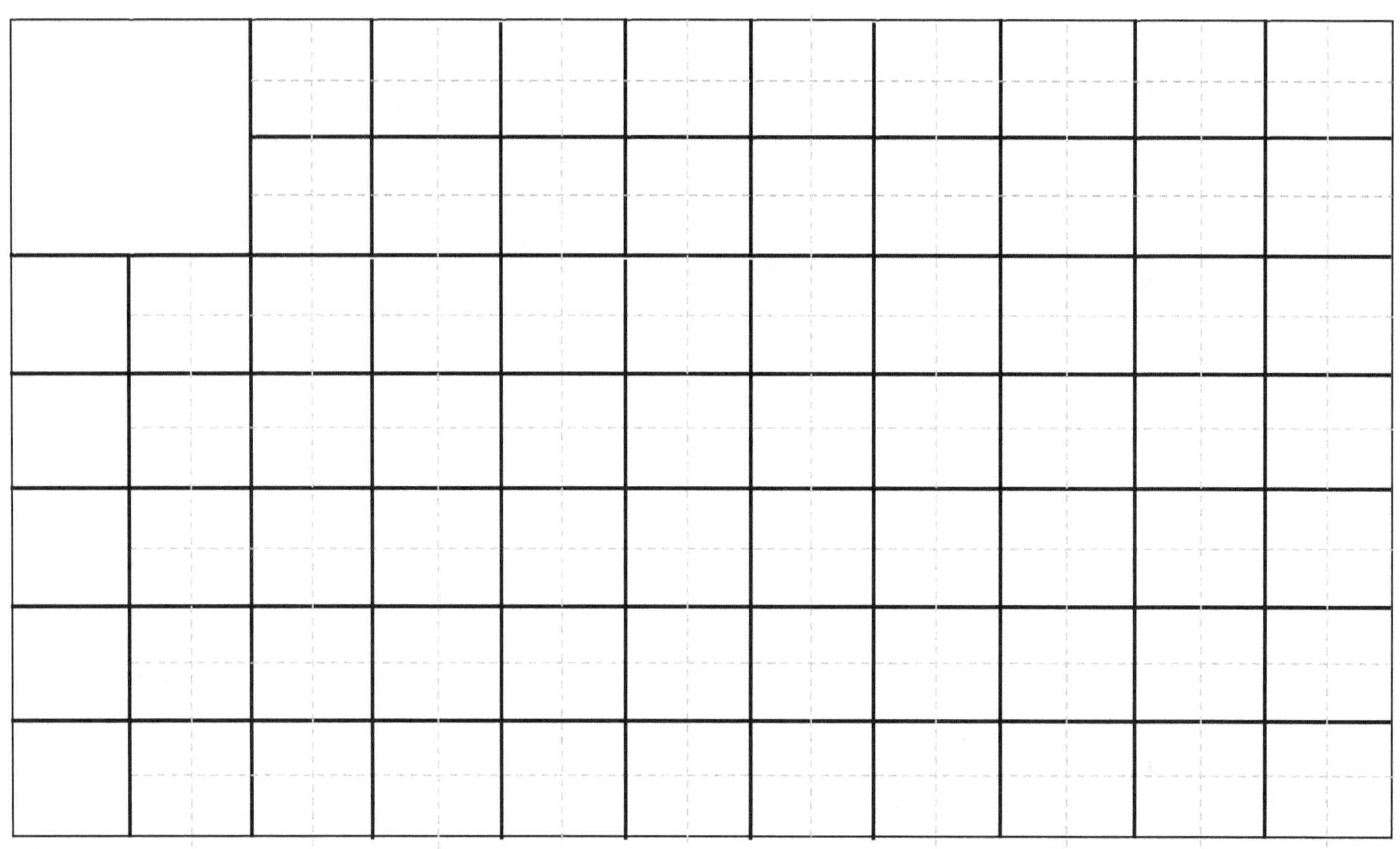

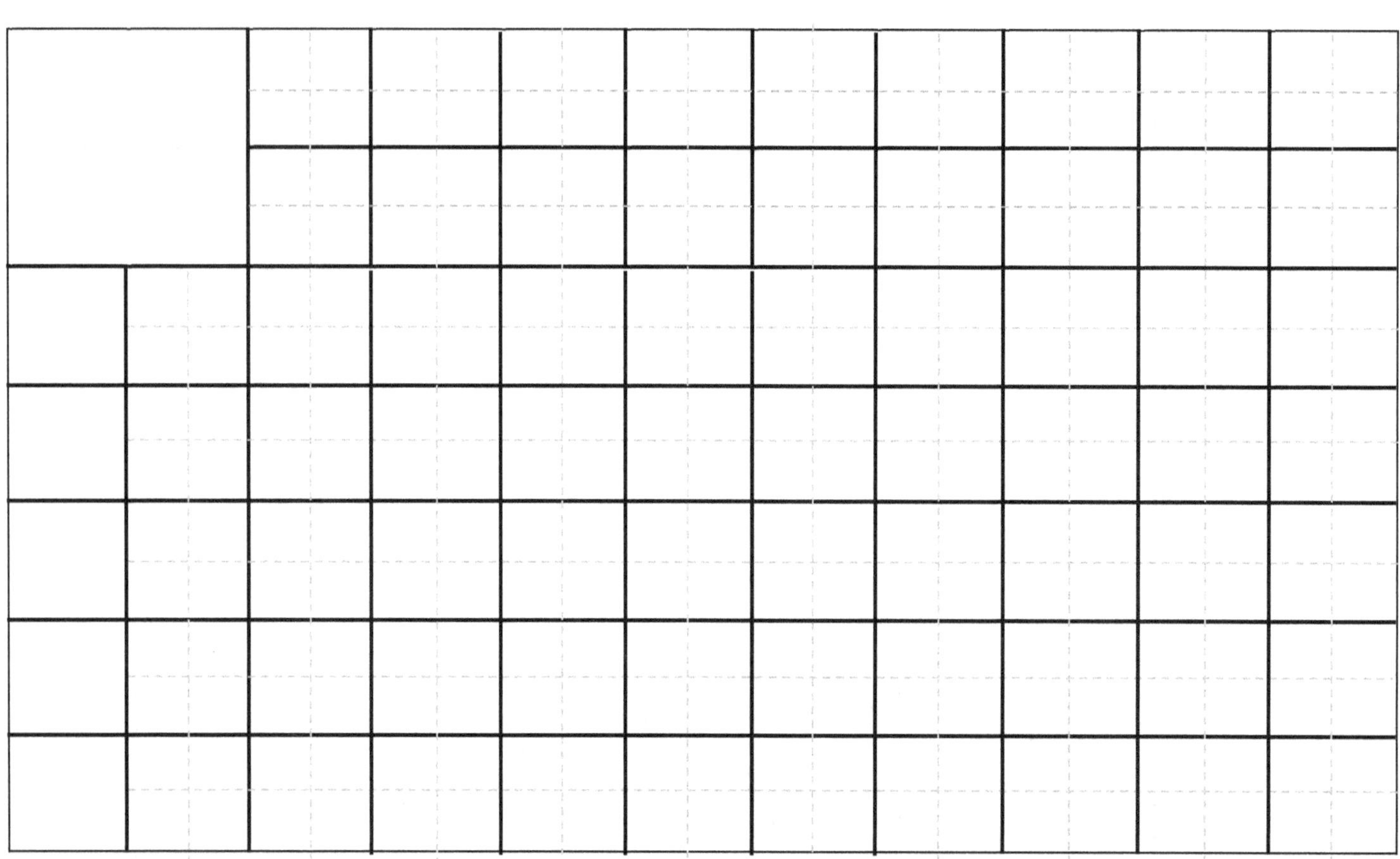

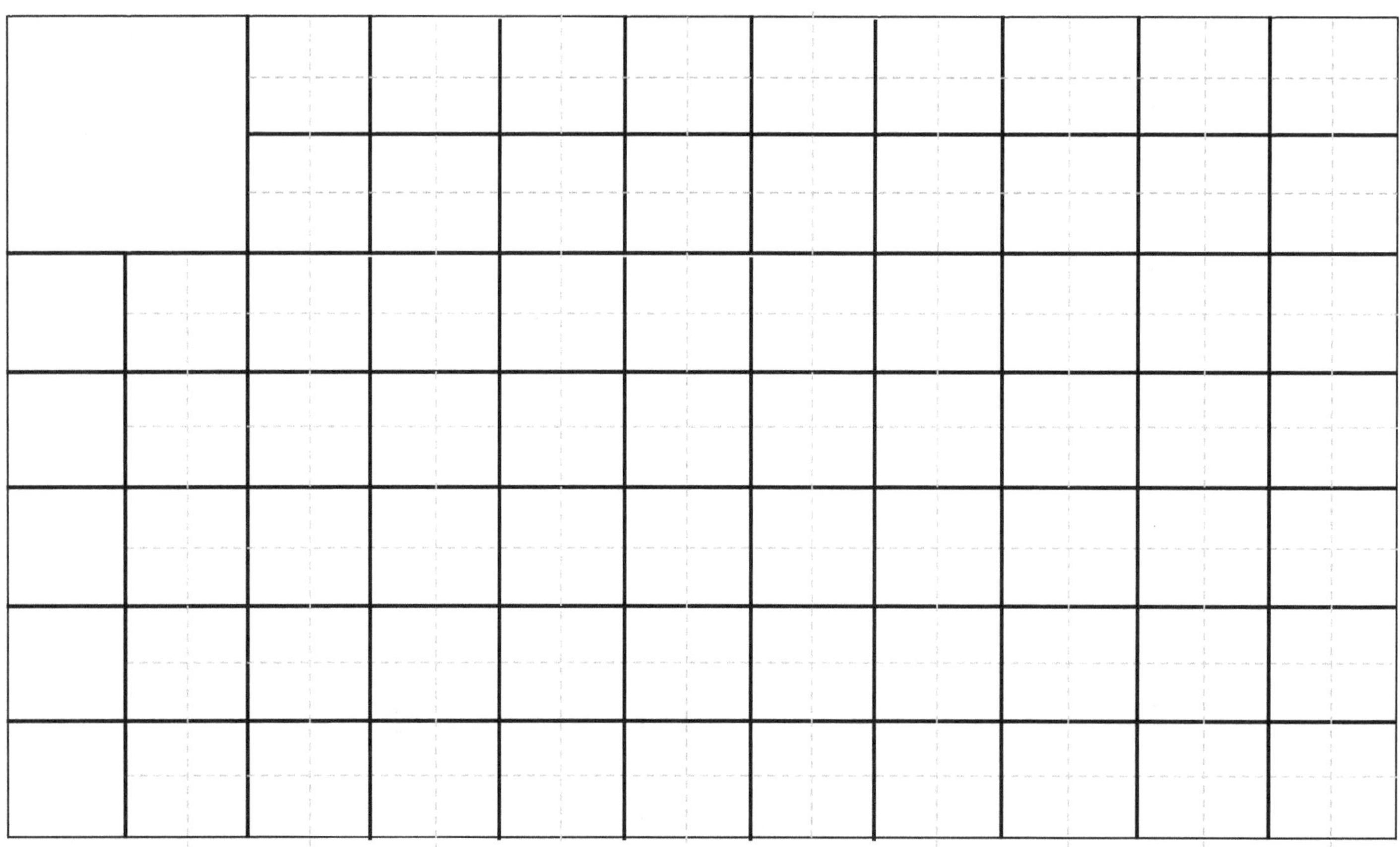

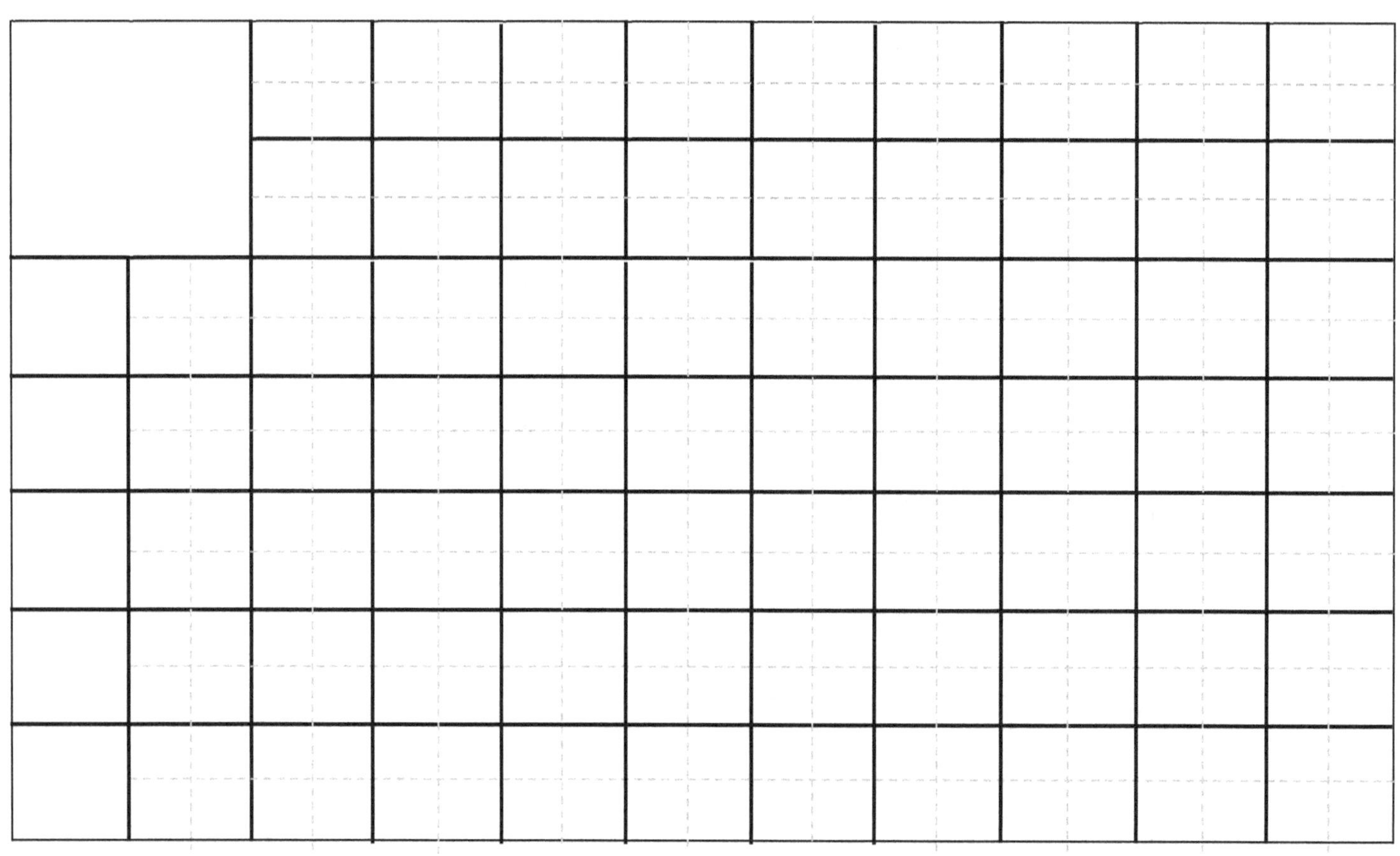

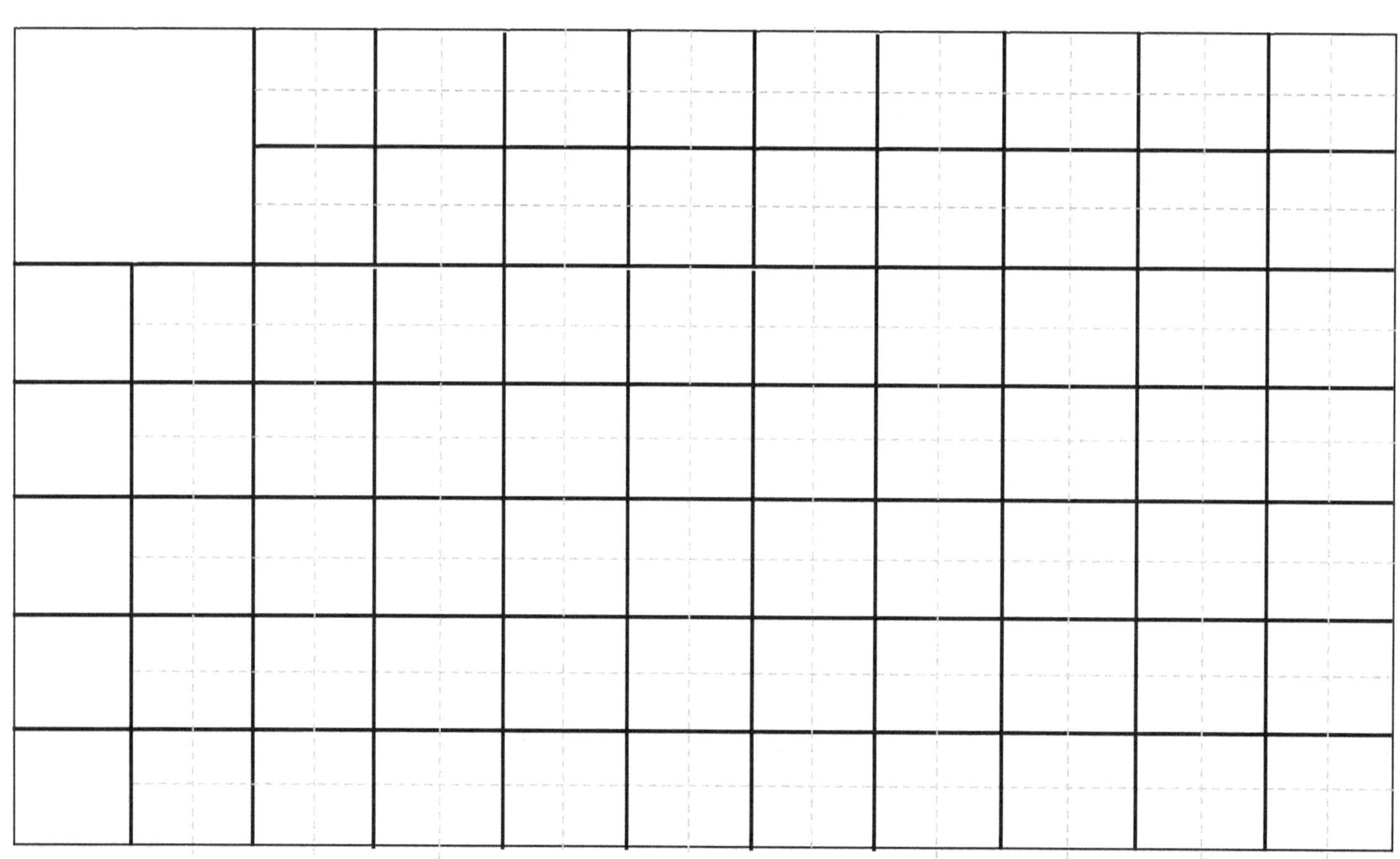

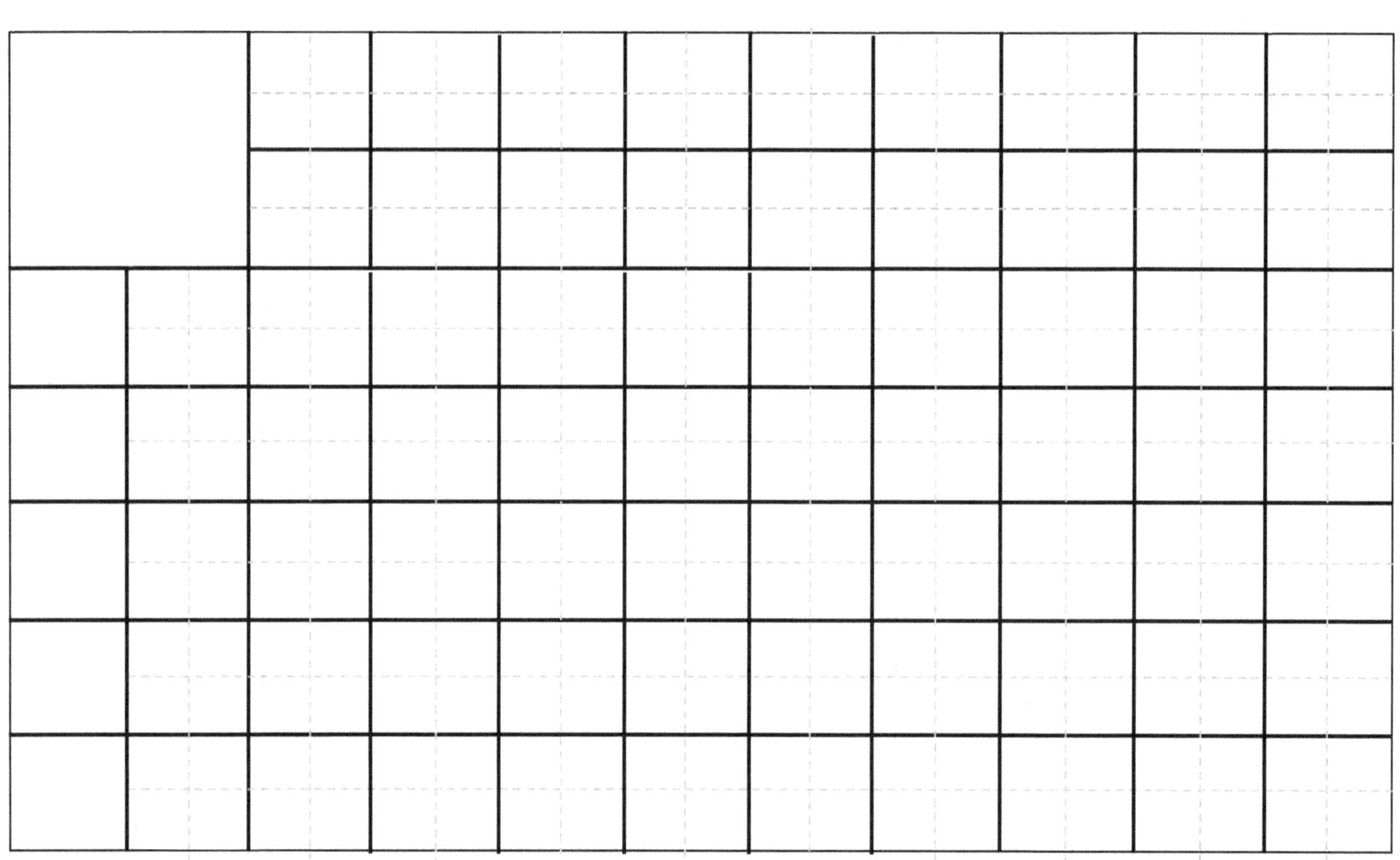

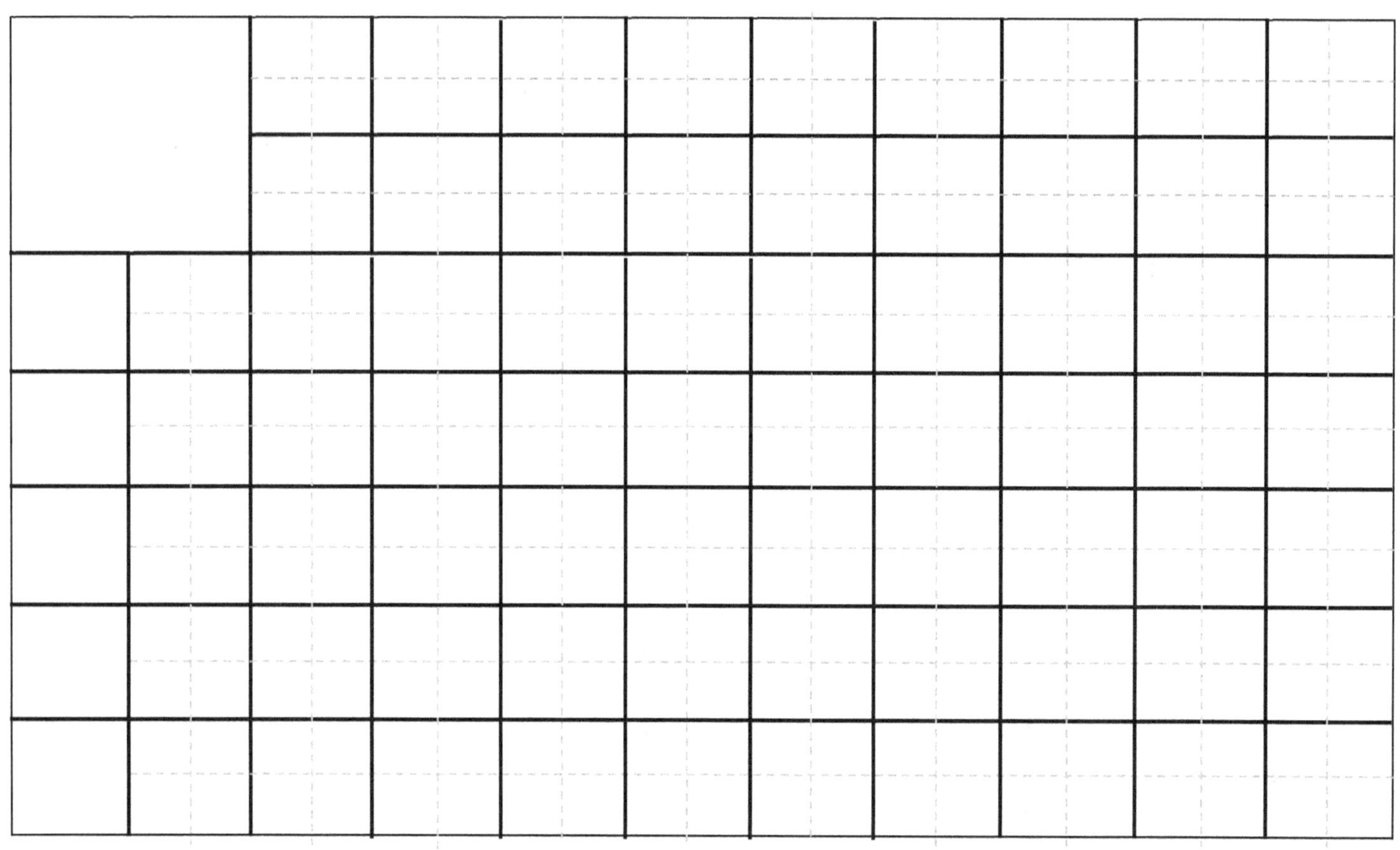

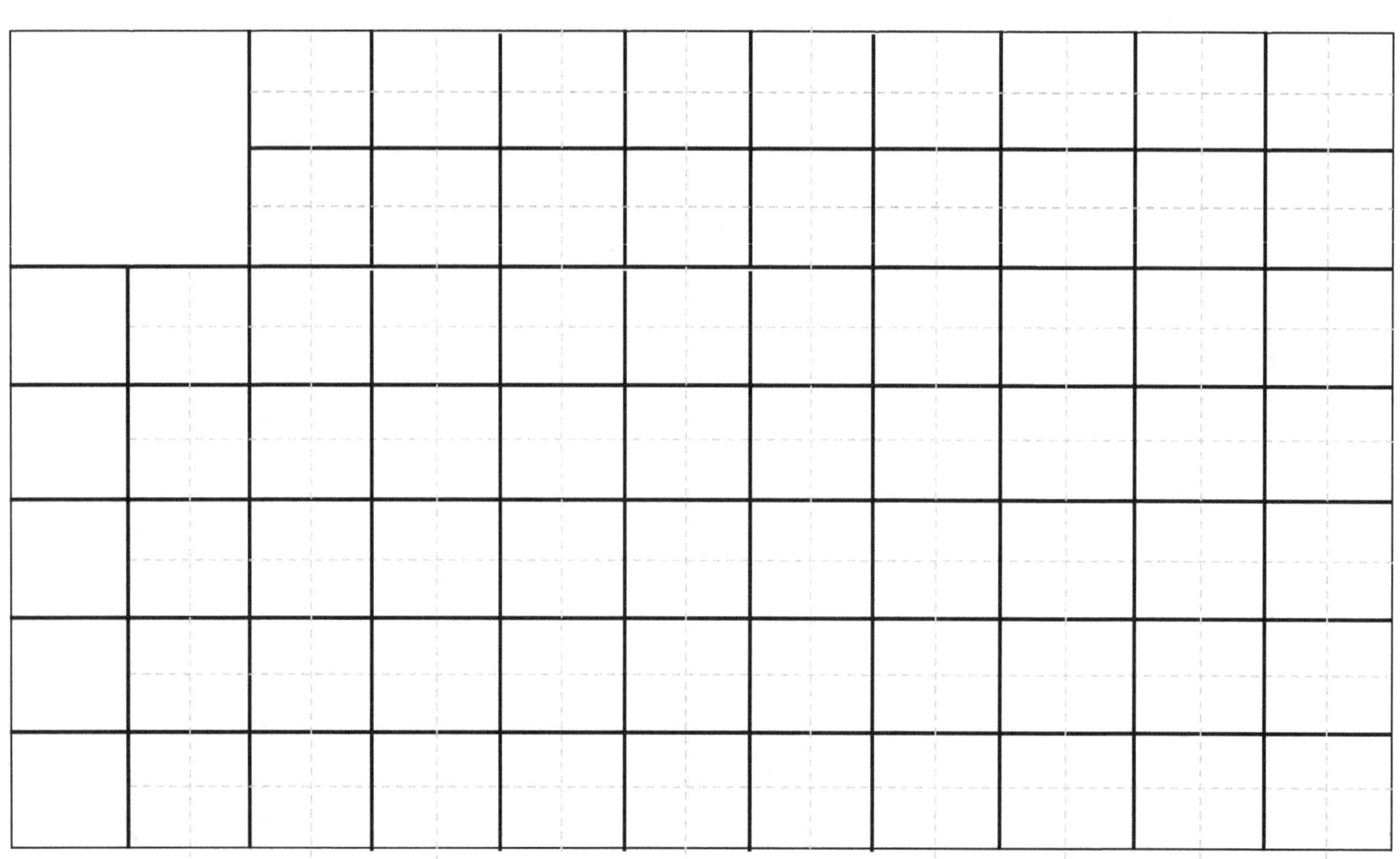

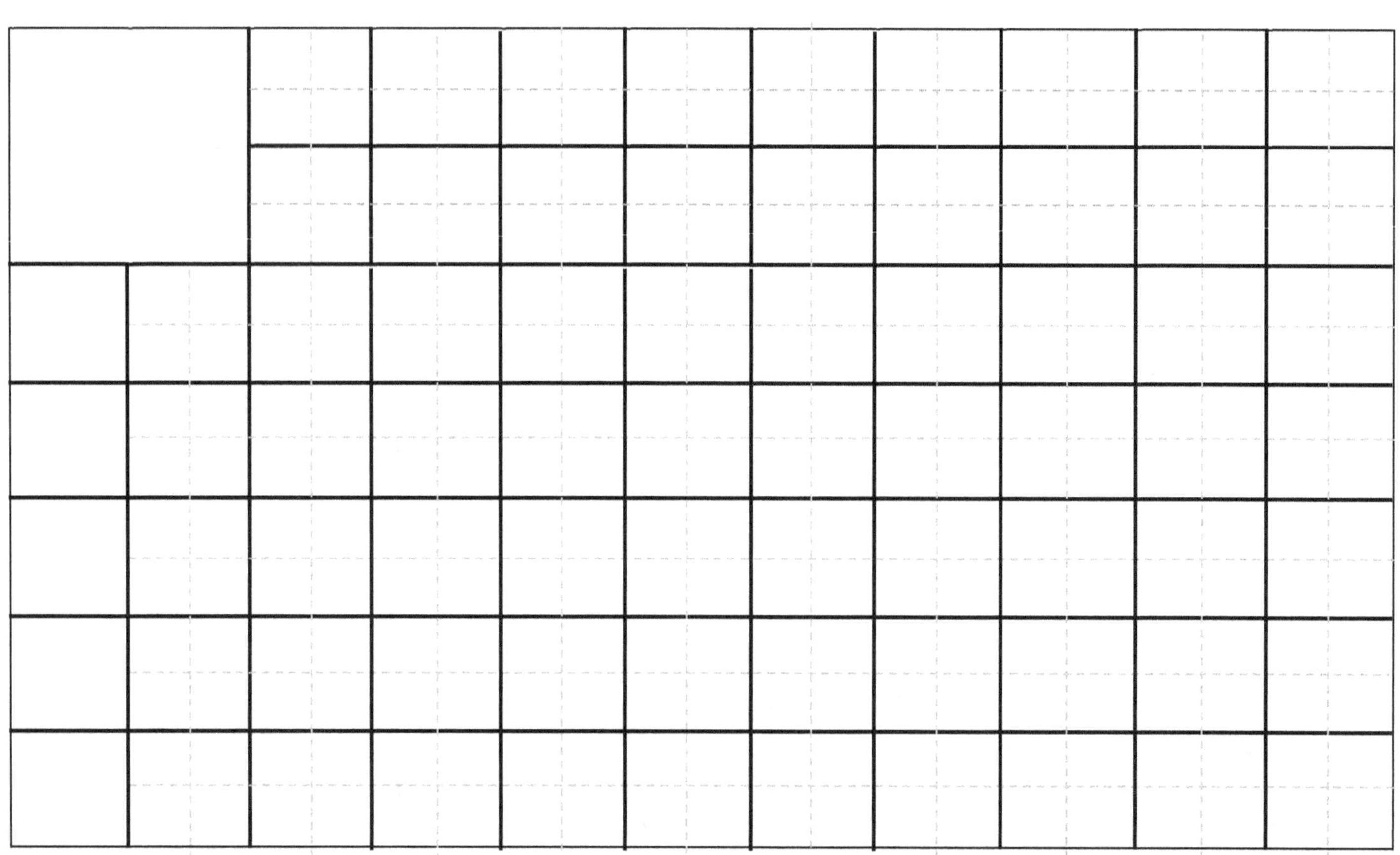

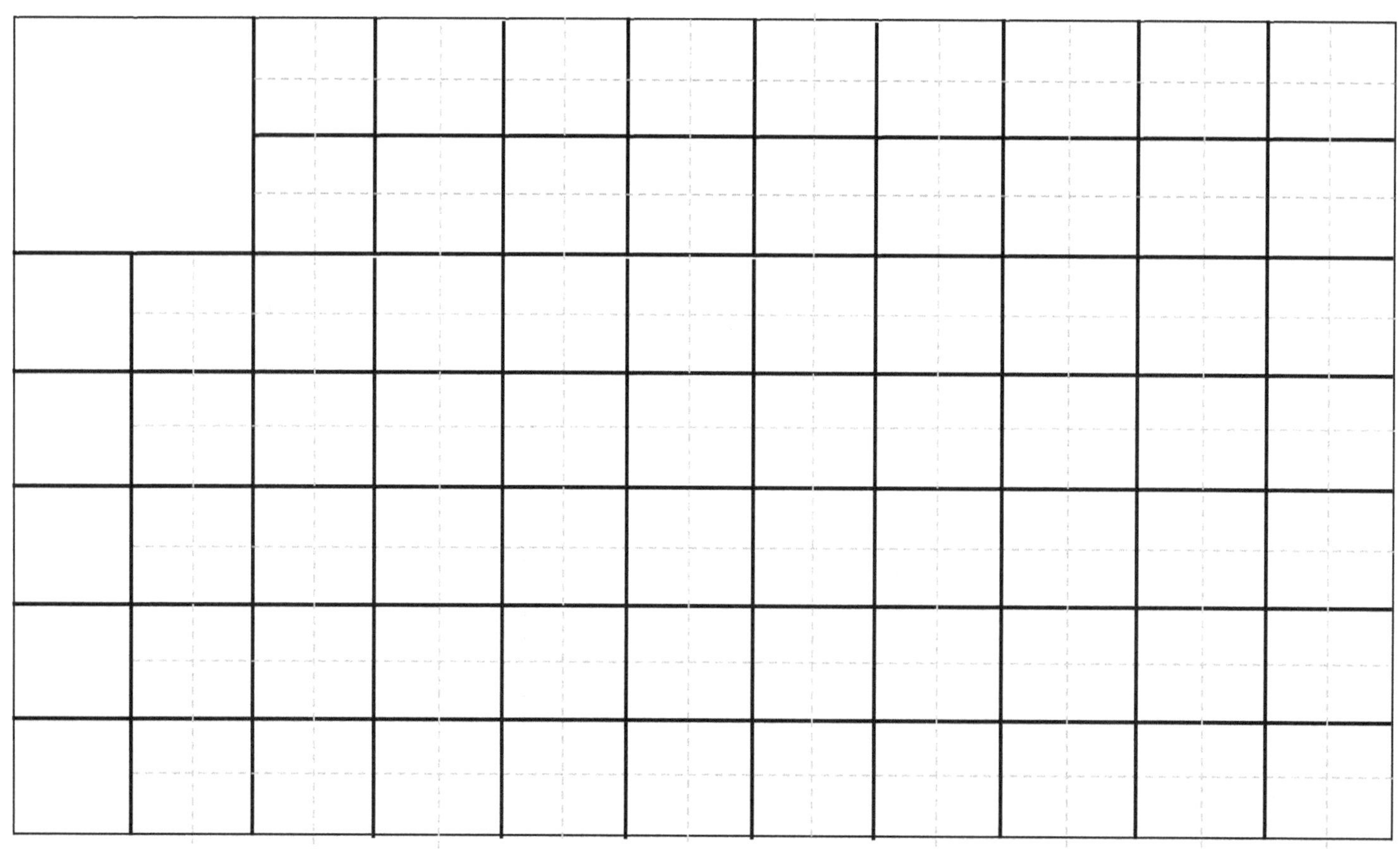

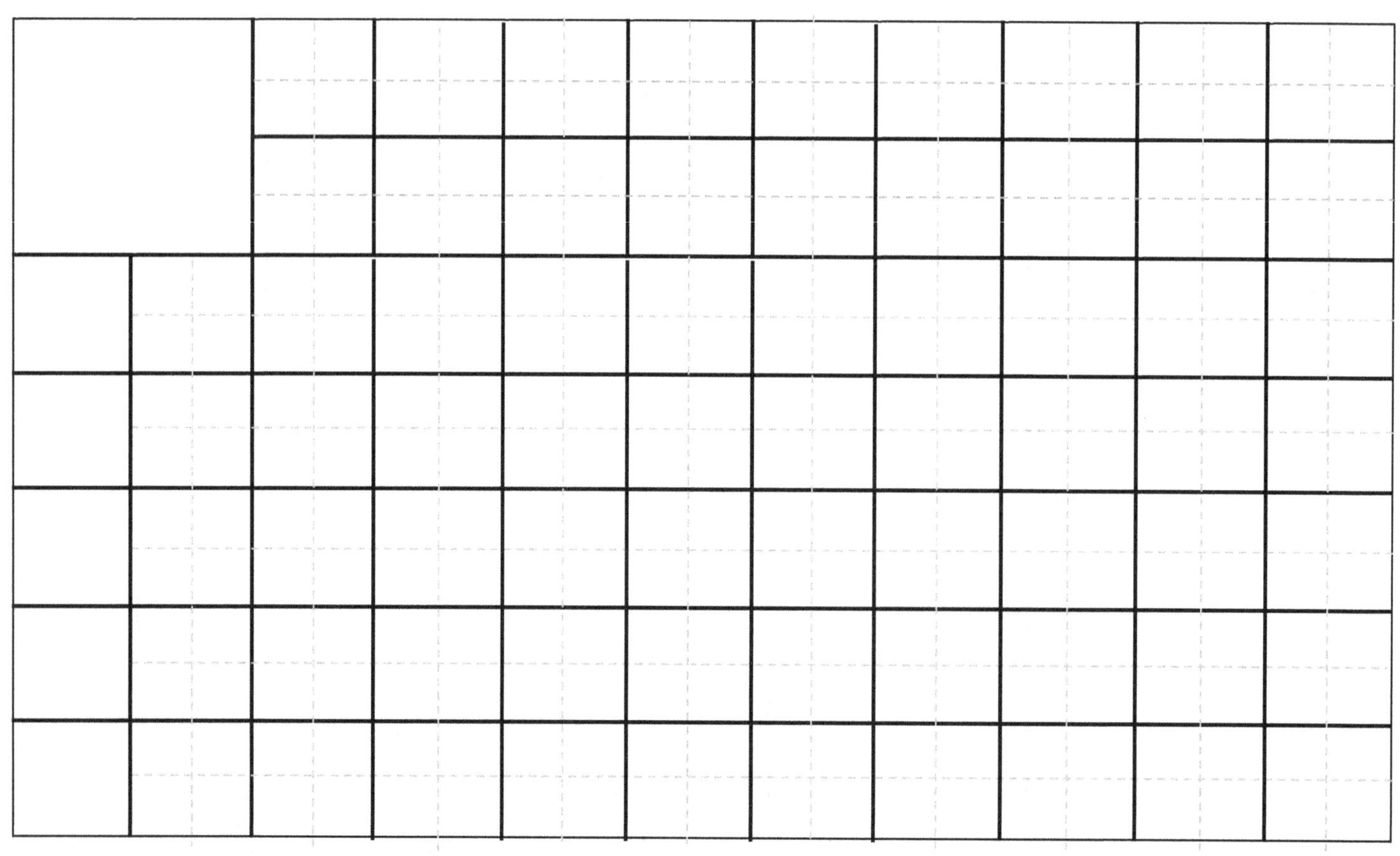

Katakana
カタカナ

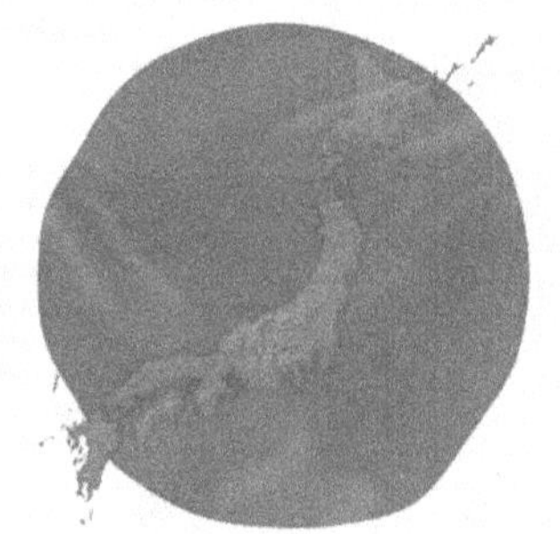

Espero que se haya beneficiado de este libro y haya aprendido a escribir y pronunciar las letras katakana. Espero que este año sea el más hermoso en el aprendizaje y desarrollo para lograr su sueño. Al final, espero que evalúe este libro y me dé su opinión al respecto.

www.ingramcontent.com/pod-product-compliance
Lightning Source LLC
Chambersburg PA
CBHW080717120726
48001CB00010B/3052

* 9 7 9 8 7 0 9 0 5 0 6 9 3 *